Wilhelm Koch

**Paris vor Helena in der antiken Kunst**

Ein typengeschichtlicher Versuch

Wilhelm Koch

**Paris vor Helena in der antiken Kunst**
*Ein typengeschichtlicher Versuch*

ISBN/EAN: 9783743404359

Hergestellt in Europa, USA, Kanada, Australien, Japan

Cover: Foto ©Thomas Meinert / pixelio.de

Manufactured and distributed by brebook publishing software (www.brebook.com)

Wilhelm Koch

**Paris vor Helena in der antiken Kunst**

Paris vor Helena in der antiken Kunst.

Ein typengeschichtlicher Versuch.

# Inaugural-Dissertation

zur

### Erlangung der Doctorwürde

bei der

hohen philosophischen Facultät der Universität Marburg

eingereicht von

## Wilhelm Koch

aus Fröndenberg (Westfalen).

**MARBURG.**
Universitäts-Buchdruckerei (C. L. Pfeil).
1889.

Die Darstellungen der ersten Begegnung des Paris und der Helena sind früher schon mehrfach zusammengefasst und im Zusammenhange besprochen worden, so von Otto Jahn, in den Sitzungsberichten der Königlich Sächsischen Gesellschaft der Wissenschaften 1850. S. 180 — 187; Overbeck, Thebanischer und troischer Sagenkreis S. 263 — 71; Stephani, compte rendu de la commission imp. archéol. pour 1861. S. 115 — 127. Wenn ich im Folgenden den Bilderkreis nochmals zu behandeln versuche, so sehe ich meine Hauptaufgabe nicht in der möglichst vollständigen Heranziehung des gesammten Materials zum Zweck genauer Einzelerklärung, obwohl ich auch diese nicht vernachlässigen will, sondern in eingehender Verfolgung des Typischen in diesen Bildwerken. Allen Darstellungen, vom Vasenbilde des 5. Jahrhunderts bis zum pompejanischen Wandgemälde liegt dasselbe Schema zu Grunde, Helena sitzend, vor ihr stehend Paris. Der Typus, Jüngling oder Mann stehend vor dem sitzenden Mädchen oder der Frau zum Ausdruck von erotischen oder wenigstens gemütlichen Beziehungen zwischen beiden ist schon vor der Anwendung auf Paris und Helena vorhanden und findet sich besonders, erstens auf Grabdenkmälern des 5. Jahrhunderts, zweitens auf frührotfigurigen Vasenbildern in erotischen Genrescenen. Das Familienbild auf den Grabreliefs, sitzend die Gattin und vor ihr stehend der Mann, beide meist noch durch den Handschlag verbunden, ist mit dem Adorationstypus der älteren Zeit so nahe verwandt, dass dieser ebenfalls zu berücksichtigen ist nebst den ihm wiederum verwandten Darstellungen kleinasiatischer und ägyptischer Kunst. Für Einzelheiten der Paris und Helenadarstellungen kommen wiederum die Grabreliefs und von Vasenbildern besonders die sogenannten Toilettescenen in Betracht. Auch bei Behandlung des enger begrenzten Themas, nämlich der Paris und Helenabilder selbst, sollen typologische Gesichtspunkte massgebend sein. Es lassen sich nämlich aus dem ganzen Kreise der Bilder, welche Paris und Helena darstellen, mehrere Sondertypen herausheben, welche, in verschiedener Zeit entstanden, weiter in Uebung bleiben und zeitlich neben einander herlaufen. Mithin wird es am geratensten sein, die einzelnen Typen, beim ältesten anfangend, nach einander zur Besprechung zu bringen. Das historische Princip streng durchzuführen ist aus dem Grunde unmöglich, weil dadurch der fortlaufende Entwickelungsgang zu oft zerrissen würde, doch werde ich bei dem genannten Princip der Zusammenstellung hoffentlich nicht in Gefahr kommen, nicht nur zeitlich weit auseinander liegende, sondern auch inhaltlich einander ganz fremde Bilder nebeneinander zu stellen [1]. Den Paris und Helenabildern möchte ich dann noch Aetions Gemälde „Alexander und Rhoxane" anschliessen, welches aus ihnen manche Züge entlehnt zu haben scheint.

---

[1] Wie das besonders bei Stephani a. a. O. geschieht.

# Adorationsbilder.

## Aegyptischer Adorationstypus.

Specielleres Eingehen gestattet die Beschränktheit des Raumes weder hier, noch bei der kleinasiatischen Kunst, auch die Frage, wieweit etwa der ägyptische Adorationstypus den kleinasiatischen oder griechischen beeinflusst habe, fällt ausser den Bereich der hier vorliegenden Aufgabe, welcher der Besitz und die Klassificierung der Typen genügt. Für den Typus des ägyptischen Adorationsbildes, soweit es sich allgemein auf Verstorbene, nicht auf Könige oder Götter bezieht, habe ich einige Beispiele notiert [2]).

Der Typus ist im Allgemeinen folgender. Links im Bilde, ziemlich selten rechts [3]), thronen die Verstorbenen auf Sesseln, die Frau links; etwas mehr nach rechts vorgeschoben, an der linken Seite der Frau gedacht, der Mann.

---

[2]) 1. Lepsius, Denkmäler aus Aegypten, Abt. II. Bl. 10, b. Altes R. Dyn. IV; 2. Lepsius, Abt. II. Bl. 11. Alt. R. Dyn. IV; 3. Lepsius, Abt II. Bl. 25. A. R. Dyn. IV; 4. Lepsius, Abt. II. Bl. 57. A. R. Dyn. V; 5. Lepsius, Abt. II. Bl. 109. Dyn. VI; 6. Lepsius, Abt. II. Bl. 144. A. R. Dyn. XII; 7. Kunsthistor. Bilderb. 322. Von einer Stele der 13. Dyn. in München; 8. Lepsius, Abt. III. Bl. 221. 19 — 20. Dyn. Das Heranbringen der Opfergaben und das Abschlachten der Opfertiere sehr anschaulich bei Perrot et Chipiez, Histoire de l'art dans l'antiqu. I. Fig. 91. V. Dyn.

[3]) Einem wichtigen Darstellungsprincip der aegyptischen Kunst gemäss. Vgl. Ermann, Aegypten Bd. II. S. 533 f.

Die Frau legt die linke Hand um die linke Schulter des Mannes, dieser die linke Hand an die Brust, oder stützt mit derselben einen Stab auf. Die Verehrung der Verstorbenen spielt sich in mehreren Darstellungsstreifen, zuweilen auch nur in einem, vor diesen ab. Vor den Toten steht ein Tisch, oft auch mehrere, bedeckt mit hoch aufgetürmten Opfergaben, die zum grössten Teil aus Lebensmitteln bestehen, Keulen, Rippenstücken, geschlachteten Vögeln, dazwischen auch Blumen, unter dem Tisch Krüge mit Getränken. In mehreren Reihen meist nahen Adoranten, zum Teil dieselben Gaben bringend, wie sie auf den Tischen aufgehäuft liegen. In einer besonderen Reihe wird den Verstorbenen zu Ehren wohl Opfervieh geschlachtet, auch dies in genau typischer Darstellung [4]. Verteilt sich die Darstellung auf mehrere Figurenreihen, so sind die Adoranten natürlich winzig klein gebildet, ist nur eine Reihe vorhanden, so bleibt nur ein geringer Grössenunterschied zwischen Thronenden und Adorierenden [5].

## Kleinasiatische Adorationsbilder.

Auf den ersten Blick, weil am meisten mit den spartanischen Stelen verwandt, scheinen hier die Darstellungen lykischer Kunst am wichtigsten zu sein, doch muss sofort bemerkt werden, dass griechischer Einfluss in den lykischen Reliefs stark obwaltet, und man deshalb nicht genau entscheiden kann, was an diesen Bildern echt kleinasiatischen

---

[4] Vgl. Ermann, a. a. O. Bd. II. S. 536 f.

[5] Zur Uebertragung der ursprünglich an den Wänden der Totenkammer angebrachten Adorationsbilder auf die Totenstele des mittleren und neueren Reichs vgl. Ermann, a. a. O. Bd. II. S. 423 f. Im ganzen bleibt der Typus sich ziemlich gleich; auf den älteren Bildern, Dyn. IV bis VI. scheint den Sesseln die Rücklehne zu fehlen, welche übrigens immer in sehr bescheidenen Verhältnissen bleibt; die Beine der Sessel sind stilisierte Tierbeine. In den Bildwerken der 20. Dyn. tritt sehr häufig die aegyptische Form des Schnabelschuhs auf, von der weiter unten die Rede sein wird.

Ursprungs und was schon aus Griechenland herübergenommen ist. Im Allgemeinen scheinen in Kleinasien zwei Arten der Darstellung neben einander herzugehen, entweder werden die Verstorbenen auf Sesseln thronend, oder aber zum Mahle gelagert abgebildet. Von der zweiten Art wird weiter unten die Rede sein, für die erste sind von besonderer Bedeutung einige hittitische Stelen [6]).

Dieselben waren auf dem Grabe angebracht, die Umrisse der Grabsteine richten sich, wie bei den spartanischen Stelen, nach den vorhandenen Personen, die Verstorbenen sitzen einander gegenüber, zwischen ihnen steht ein Tisch mit Speise und Trank, ferner sind vorhanden (nach Furtwängler a. a. O.) kleiner gebildete Adoranten [7]).

Verwandtschaft mit den hittitischen Stelen zeigen die Figuren des Ostgiebels am Nereidenmonument [8]). Die grosse Menge lykischer Heroenbilder zeigt dieselben ähnlich wie

---

[6]) Die hittitischen Stelen werden erwähnt von Furtwängler, Sammlung Sabouroff, Einleit. S. 24; abgebildet und besprochen sind einige bei Perrot et Chipiez, a. a. O. Bd. IV. S. 555 f. Fig. 280, 81, 82; eine Uebersicht über dieses Gebiet lässt sich vor dem Erscheinen der noch ausstehenden Publikation Puchsteins schwer gewinnen.

[7]) Die Schnabelschuhe sind bei den Thronenden ebenso und in derselben Form gebräuchlich, wie auf den lykischen und spartanischen Stelen. Bei Perrot et Chipiez a. a. O. Fig. 280 fehlen die von Furtwängler a. a. O. erwähnten Adoranten, doch wohl nur zufällig, in Fig. 282 bringt ein kleiner Mann einem stehenden grösseren Gaben dar. Denselben Typus, wie die hittitischen Stelen zeigt eine etruskische Stele nach griechischem Muster. Florenz, Pal. Peruzzi, Dütschke II. S. 139 f. (333) Abgeb. bei v. Sybel, Weltgesch. d. K. Fig. 103, merkwürdiger Weise mit dem oben genannten zweiten Typus verbunden, im unteren Felde zwei sich gegenüber sitzende Männer mit einem Tisch zwischen sich, im oberen zwei zum Mahle gelagerte mit einem Diener.

[8]) Zum Ostgiebel des Nereidenmonuments vgl. Michaelis, Ann. 1875 S. 159 ff., wo sich auch die Litteratur verwandter Werke aus Lykien befindet. Michaelis und Milchhöfer, Ath. M. IV. S. 167 erkennen in den Figuren ebenfalls die heroisierten Verstorbenen.

beim sogenannten Totenmahl. Besondere Wichtigkeit hat aber das Harpyienmonument [9]).

Die Erklärung des Harpyienmonumentes, welche Milchhöfer unter Hinweis auf die spartanischen Heroenreliefs gegeben hat, ist wohl als gesichert zu betrachten [10]), trotz entgegengesetzter auch neuerdings wieder ausgesprochener Ansichten [11]). Ueber die Entstehungszeit des Harpyienmonumentes gehen die Ansichten weit auseinander, Fr. W. a. a. O. S. 74 setzt es in den Anfang des 5. Jahrhunderts hinab, mit mehr Wahrscheinlichkeit lässt es sich dem Ende des 6. Jahrhunderts zuschreiben, man beachte nur, wie schwer die Gewänder der beiden Thronenden auf der Westseite fallen [12]).

---

[9]) Zum Harpyienmonument vgl. Friedrichs-Wolters, Bausteine 127—130. Dort ist auch die hauptsächliche Litteratur angegeben. Abgeb. ist das Monument bei Fellows, A journal written during an excursion in Asia minor zu S. 232; Discoveries in Lycia zu S. 170; Monumenti IV. Taf. 23; Rayet, Monum. de l'art ant. I. Taf. 13—16; Overbeck, Plastik³ S. 171; Kunsthist. Bilderb. 16. (teilweise) und ferner.

[10]) Vgl. Milchhöfer, Ath. M. II. S. 459; Ath. M. IV. S. 167 f.; Arch. Ztg. 1881, S. 53; Anfänge der Kunst S. 229. J. Braun, Geschichte der Kunst II. S. 188.

[11]) Vgl. die weiter unten kurz besprochenen Ansichten Petersens in „Reisen durch Lykien und Kibyratis" Bd. II. S. 193—97.

[12]) V. Hehn, „Kulturpflanzen und Haustiere" S. 162 meint, das Harpyienmonument müsse nach Ol. 58,3 angesetzt werden, denn der Hahn, welcher auf dem Denkmal abgebildet ist, sei erst mit der persischen Herrschaft als Haustier nach Lykien gekommen. Ohne diesen Zeitansatz zu bestreiten, möchte ich nur bemerken, dass die Ansicht Hehns über das so späte Aufkommen des Hahns in Kleinasien als irrig erscheint, weil der Hahn schon auf dem ältesten Typus des spartanischen Heroenreliefs vorkommt. Dieser Typus reicht sicher noch ins 6. Jahrhundert hinein. Da der Haushahn bekanntlich von Osten nach Westen sich verbreitet hat, so ist sein Vorkommen in Kleinasien ein gutes Stück früher anzusetzen, als in dem obendrein von der Welt ziemlich abgeschlossenen Sparta.

Die auf dem Harpyienmonument erhaltenen Typen sind folgende. Auf der Westseite links eine weibliche Gestalt auf Sessel mit gedrehten Beinen und Fussschemel, die Rechte hält eine Schale, die erhobene Linke, an der Spitze abgebrochen, hielt wahrscheinlich eine Blume. Rechts eine weibliche Gestalt auf Sessel mit voluten- und palmettengeschmückten Beinen und Fussschemel. Die Gestalt trägt Schnabelschuhe und hält als Attribute Granate und Blume. Ihr nahen drei Mädchen in Procession, die erste fasst zierlich das Gewand, die beiden anderen tragen Blume, Granate und Ei. Auf der Südseite thront in der Mitte eine männliche Gestalt auf Sessel mit gedrehten Beinen, sie trägt Schnabelschuhe, im linken Arm lehnt ein langer Stab, beide Hände halten je eine Granate, dem Thronenden naht ein Mädchen mit adorierend erhobener rechter Hand, in der Linken trägt sie ein Huhn. Auf der Ostseite in der Mitte ein Bärtiger auf Sessel nach rechts, daran vorn Tierbeine, mit Fussschemel, im linken Arm ein Scepter, in der erhobenen Rechten eine Blume haltend. In seinem Rücken von links her nahen zwei Adoranten, von den Gaben ist nur noch eine Granate zu erkennen. Unmittelbar vor ihm, ziemlich klein gebildet, erscheint ebenfalls ein Adorant, ein Knabe, in den vorgestreckten Händen Hahn und Ei haltend (oder Granate?). Noch weiter nach rechts ein zweiter Adorant, von seinem Hunde begleitet, in der linken Hand einen Stab, die nicht mehr erkennbare Gabe der vorgestreckten Rechten könnte eine Blume gewesen sein. Auf der Nordseite ein thronender Bärtiger nach links, auf Sessel ohne Lehne, im linken Arm das Scepter, empfängt mit der Rechten den Visierhelm, welchen ein gewaffneter Jüngling ihm überreicht; auch dieser Helm wird als Weihegabe aufzufassen sein. Die Tracht der dargestellten Personen ist griechisch bis auf die Schnabelschuhe, welche die meisten tragen; die Sessel zeigen durchgängig nach vorwiegend jonischer Art gedrehte oder mit Palmetten geschmückte Beine, nur einmal kommt ein Tierbein vor, wie an den ägyptischen Sesseln und an denen der spartanischen Adorationsreliefs. Schnabelschuhe sind ebenfalls häufig auf ägyptischen Bildwerken der 20. Dynastie, doch unterscheiden sie sich durch ihre Form wesentlich von denen des Harpyienmonumentes [13]).

## Griechische Adorationsbilder.

Milchhöfer, Ath. M. IV. S. 161 stellt die Reliefs, welche „den Heros thronend darstellen" nebst den verwandten Bildwerken zusammen. Der Zweck der hier gestellten Aufgabe erfordert, unter diesen Heroenreliefs speciell wieder diejenigen herauszuheben, welche die Verstorbenen als Gegenstand der Adoration zeigen [14]), von den spartanischen Reliefs also Typus I. (nach Milchhöfer, Ath. M. IV. S. 448).

---

[13]) Vgl. hierzu Milchhöfer, Ath. M. II. S 460, Note 1, wo auch schon auf den Formunterschied aufmerksam gemacht wird, ausserdem finden sich an dieser Stelle litterarische Nachweise über die Verbreitung der Sitte, Schnabelschuhe zu tragen. Vgl. Lepsius, Denkm. Abt. III. Bl. 208. Die aegyptischen Schnabelschuhe scheinen, nach den Abbildungen zu urteilen, nur Sandalen, vorn mit einem Schnabel, nicht geschlossene Schuhe zu sein

Petersen a. a. O. erklärt sämmtliche lykischen Grabdarstellungen und im Anschluss an diese auch die spartanischen Heroenreliefs als Darstellungen aus dem Leben der Verstorbenen. Trotzdem sieht er in den beiden Thronenden auf der Westseite des Harpyienmonumentes Kore und Persephone, in den übrigen Thronenden Sterbliche in menschlicher Auffassung. Diese Annahme erscheint deshalb nicht wohl haltbar, weil allen Sitzenden im wesentlichen übereinstimmende Attribute gegeben sind, und durchgängig allen von Adorierenden dieselben Gaben dargebracht werden.

[14]) Die Reihe der spartanischen Stelen ist in Milchhöfers Katalog der spartanischen Skulpturen unter den Nummern 7–13 aufgeführt. Dazu ist später noch eine beträchtliche Anzahl von Reliefs hinzugekommen, vgl. Milchhöfer, Ath. M. IV. S. 162 und Furtwängler, Ath. M. VII. S. 160–173. Zu Typus I. zieht Milchhöfer auch das Fragment Nr. 9 seines Katalogs, dasselbe hat indes, wie Furtwängler a. a. O. mit Bestimmtheit behauptet, den Mann allein dargestellt. Infolgedessen bleibt von den spartanischen Stelen nur Nr. 7 nebst 8 übrig. Nr 7 ist sehr oft abgebildet, Ath. M. II. Taf. 20. 21; Furtwängler, Sammlung Sabouroff Taf. I., danach die Abbildung bei v. Sybel, Weltgesch. d. K. S. 118. Fig. 102;

Die spartanischen Stelen zeigen folgenden Typus. Auf mächtigen Sesseln thront nebeneinander ein Heroenpaar nach rechts. Der vorn sitzende Mann hält in der ausgestreckten Rechten einen grossen Kantharos am Henkel, neben ihm thront die Gattin, in der Rechten eine Granate, mit der Linken den Schleier weit ausspannend. Vor beiden stehen zwei winzig klein gebildete Adoranten, der vordere, männlichen Geschlechts, bringt Hahn und Ei, das Mädchen hinter ihm trägt Granate und Blume. Das Gesicht des Heros ist en face gebildet, seine Gattin trägt die auch auf dem Harpyienmonumente üblichen Schnabelschuhe. Der Sessel hat stilisierte Tierbeine, die Rücklehne läuft oben in eine Palmette aus. Hinter dem Sessel richtet sich eine gewaltige mit Kamm und spitzem Bart versehene Schlange auf, das chtonische Symbol. Der Boden Attikas hat bis jetzt an Heroenreliefs sehr wenig geliefert, glücklicherweise hat sich wenigstens ein Relief gefunden, welches an das 6. Jahrhundert hinanreicht und ein Adorationsbild aufweist [15]). Auf dem Relief sind dargestellt links Frau, (ab Kopf, Schultern, Unterbeine) sitzend nach rechts; fein welliger Rock mit Halbärmeln, Mantel um linke Seite, hier von der gehobenen Linken gelüftet, ein Ende über die rechte Schulter zurückgeworfen, die Rechte vorgehoben, Zeigefinger auf die Daumenspitze gesetzt, (dritter bis fünfter Finger ab), Handgelenkringe. Vor ihr stehend ebenfalls eine Frau, (ab Kopf, Rechte, Beine $^3/_4$), Rock mit Halbärmeln, Mantel um Unterfigur und über die linke Schulter, Rechte gehoben, die Linke,

---

Overbeck, Plastik³ S. 85,ᵃ u. s. w. Nr. 8 ist abgebildet Ath. M. II. Taf. 22. Nähere Mitteilungen über diese Reliefs bei Milchhöfer und Furtwängler a. a. O., die fernere Litteratur ist teils dort angegeben, teils bei Fr.-W. a. a. O. Nr. 58 und 59.

[15]) Abgeb. bei Schöne, Griechische Reliefs n. 122, S. 60; Bulletin hellénique IV. Taf. VI, S. 540; vgl. Heydemann 387; v. Sybel 17; Fr.-W. 102; Loeschke, Ath. M. IV. S. 294, Nr. 10; ferner Ath. M. VI. S. 184 und VIII. 379. An diesen Orten auch die übrige Litteratur.

nur der Unterarm ist vorgestreckt, lüpft den Mantel, sechs lange Locken fallen auf die linke Schulter (nach v. Sybel 17). Die genaue Beschreibung wird durch die starke Fragmentierung des Reliefs erfordert. Der Typus ist hier weniger kompliciert, als bei den spartanischen Stelen, im Grunde genommen aber derselbe. Die Verstorbene thront feierlich in heroisierter Gestalt, ihr naht eine andere Frau, etwa die Tochter, entweder mit Opfergaben, oder nur im Gestus der Adoration; die Adoration an sich kann aber nicht zweifelhaft sein und wird allgemein angenommen. Für die Rekonstruktion des weggebrochenen Oberteils dieser Grabstele lässt sich ein Relief aus Pharsalos, jetzt im Louvre, heranziehen, von dem nur der obere Teil erhalten ist [16]).

Dargestellt sind zwei jugendliche weibliche Gestalten, erhalten etwa bis zu den Hüften. Die eine sitzend [17]), nach links, dor. Chiton, Haar in Haube, erhebt in der Rechten eine Blume, die Linke hält eine (fragmentierte) Granate; das Mädchen vor ihr, stehend, erhebt in der Rechten eine Blume, in der Linken eine Binde. Die Formen des Reliefs sind teilweise noch archaisch, von Fr. W. a. a. O. wird es dem 5. Jahrhundert zugeschrieben. Auf dem bei Schöne a. a. O. abgebildeten Relief ist noch deutlich der Grössenunterschied zwischen der sitzenden und der stehenden Figur zu bemerken [18]). Die grössere Figur der Thronenden weist

---

[16]) Fr.-W. 41. Vielfach abgebildet. So bei Heuzey et Daumet, Mission arch. en Macédoine, Taf. 23, S. 415; Kekulé, das akademische Kunstmuseum zu Bonn, Taf. 3. S. 9, 37; Murray, A history of greek sculpture I S. 290; Lucy M. Mitchell, A history of ancient sculpture S. 275; Overbeck, Plastik$^3$ I. S. 116; Rayet, Monuments de l'art ant. I. Taf. 12. vgl. Münchener Sitzungsberichte 1876 I. S. 328 (Brunn).

[17]) Overbeck, Plastik$^3$ S. 156 nimmt an, beide Mädchen seien stehend dargestellt; diese Ansicht wird indessen durch die schräge Haltung des Oberkörpers bei dem rechts befindlichen Mädchen widerlegt, wie auch Fr.-W. a. a. O. bemerkt.

[18]) Den Schoene a. a. O. als unbedeutend bezeichnet, was sich bei genauer Betrachtung der Zeichnung anders herausstellt;

ebenso wie bei der spartanischen Heroine auf den erhöhten Zustand der Verstorbenen hin, die vor der Mutter stehende Tochter [19]) wird durch den voll entwickelten Busen als erwachsenes Mädchen charakterisiert.

Als allgemeinen Typus des griechischen Adorationsreliefs kann man somit bezeichnen: die Verstorbenen, Mann und Frau, oder auch nur einer derselben [20]), thronen in heroisierter Gestalt auf grossen Lehnsesseln. Ihnen nahen Hinterbliebene mit Opfergaben, oder mit adorierender Bewegung der Hand.

Die Verwandtschaft der kleinasiatischen und griechischen Adorationsbilder, die bis jetzt in kurzen Worten besprochen worden sind, liegt auf der Hand, sie beruhen auf demselben Typus. Hier wie dort die Verstorbenen feierlich thronend, adorierend und Gaben bringend die Hinterbliebenen, sogar die Opfergaben sind genau dieselben, Granate, Ei, Hahn, Blume, und weiter geht die Uebereinstimmung auf Details in der Kleidung, die Schnabelschuhe sind gebräuchlich in ganz derselben Form auf den hittitischen, lykischen und spartanischen Stelen.

Die Untersuchung, wo dieser Adorationstypus entstanden

---

die Brustwarzen beider Frauen befinden sich in gleicher Höhe, die Sitzende muss demnach die Stehende noch überragt haben; man braucht ferner nur die Unterarme der beiden zu vergleichen, um sofort den bedeutenden Grössenunterschied zu bemerken.

[19]) Herrin und Dienerin lassen sich auf einem solchen Adorationsbilde nicht wohl annehmen, anders steht die Sache bei der sogen. Leukothea Albani.

[20]) Einen Heros allein dargestellt, mit einem oder mehreren Adoranten, habe ich nicht auffinden können, es ist aber das gewiss Zufall, denn diese Darstellung liegt gerade so nahe, wie die einer thronenden Frau mit einer Adorantin. Uebrigens sind genug Beispiele von allein thronenden Heroen, wenn auch ohne Adoranten vorhanden, so Nr. 9 des Milchhöfer'schen Katalogs Ath. M. II. a. a. O. vgl. Milchhöfer Ath. M. IV. S. 162, wo noch einige Beispiele aufgeführt sind. Ferner ein Relief aus Patras, Milchhöfer, Ath. M. IV. S. 125. f., wo die Frau hinter dem Sessel des Mannes stehend mit abgebildet ist.

ist und wie er sich weiter verbreitet hat, fällt ausser den Bereich der hier gestellten Aufgabe.

## Umbildungen des Adorationstypus.

Die sepulcralen Adorationsbilder oder allgemeiner die Heroendarstellungen verschwinden im 5. Jahrhundert fast vollständig, an ihre Stelle traten in Attika schon in der ersten Hälfte dieses Jahrhunderts die berühmten Familiendarstellungen. Den epochemachenden Nachweis dieser letzteren Thatsache verdankt die Wissenschaft Ulrich Köhler [21]).

Attika und die mit attischer verwandte Kunst scheint sich zuerst von den Heroenbildern befreit zu haben [22]), in Sparta haben sich diese Darstellungen bedeutend länger gehalten [23]).

Ueber den Ursprung der attischen Familienbilder stellt U. Köhler a. a. O. folgende Hypothese auf.

Ursprünglich habe man den Verstorbenen allein dargestellt, der Errichter des Denkmals sei im Epigramm mitgenannt worden, in der nachpersischen Zeit habe man den Errichter des Denkmals neben dem Toten auf dem Grabsteine abgebildet und beiden die Namen überschrieben. Später habe man die Bilder anderer Familienglieder hinzugefügt.

Diese Ansicht dürfte richtig sein für die Darstellungen, welche einen oder mehrere Männer aufweisen, in ihnen ist der Einfluss des Einzelbildes nicht zu verkennen, Vgl. Nr. 3, 9, 11, 13, 27, 37. des Köhlerschen Verzeichnisses. Da-

---

[21]) Ulrich Köhler Ath. M. X. S. 359—79. Taf. XIII. u. XIV. und Hermes XXIII. S. 474 ff. Die Grabstätte bei der Hagia Trias.

[22]) In Attika scheint überhaupt die schlanke Stele mit dem Einzelbilde des Verstorbenen, wie die Aristion und Lyseasstele immer vorgeherrscht zu haben, ohne dass Adorationsbilder gänzlich fehlten. Vgl. Milchhöfer Ath. M. IV. S. 166 ff. und Note 2.

[23]) Vgl. die beiden Kantharosmänner Ath. M. IV. Taf. 8, S. 127 (Milchhöfer) Nr. 4 u. 5. Aristokles- und Timoklesrelief. Die Reliefs sind jedenfalls beide sehr spät, was Milchhöfer a. a. O. mit Recht gegen Furtwängler Ath. M. III. 297. A. 3. behauptet.

gegen ist der Typus mit sitzender Frau (Aristylla, Köhler a. a. O. Taf. XIV.) vom Familienbilde der vorpersischen Zeit abzuleiten (Vgl. das Relief bei Schöne 122); bei diesem Typus ist auch zuerst die Dexiosis eingeführt und dann auf die Darstellung mehrerer Männer übertragen worden. Es wird nötig sein, diese abweichende Ansicht gegen Köhlers Autorität zu verteidigen.

Wie zäh der alte Adorationstypus zunächst festgehalten wurde, lässt sich ausserhalb Attikas durch Verfolgung der verwandten Typen des Totenmahles und der Spendescene erweisen.

## Beeinflussung des Totenmahltypus.

Der Mahltypus, welcher den Heros auf der Kline ruhend darstellt, ist ursprünglich asiatisch, wie überhaupt die Sitte des Liegens beim Mahle, und in Asien ebenso alt als der Sitztypus [24]), in Griechenland ist er wohl jünger [25]). Das älteste erhaltene griechische Beispiel des Totenmahles, ein Relief aus Ibrahim Effendi [26]), zeigt links auf einem Lehn-

---

[24]) Merkwürdige Aehnlichkeit mit den sogenannten Totenmahlen zeigt ein assyrisches Relief des 7. Jahrhunderts, welches den König Sardanapal nebst seiner Gemahlin beim Schmause darstellt, aber als lebenden, nicht im Totenreich. Abgebildet ist das Relief bei v. Sybel, Weltgesch. d. K Fig. 67 und bei Perrot et Chipiez a. a. O. Bd. IV. S. 562, Fig. 317. In Lykien ist der Mahltypus auf den Gräbern sehr häufig; ein solches Relief, welches den Heros inmitten seiner zahlreichen Verwandtschaft darstellt, ist abgeb. bei Fellows, Discoveries in Lycia S. 172. vgl. Fr.-W. 131 —35. Dort auch die übrigen Publikationen dieses Reliefs und weitere Litteratur; das kunstgeschichtliche Verhältnis des assyrischen Reliefs zum kleinasiatischen Heroenmahltypus ist noch nicht aufgeklärt.

[25]) Fr. W. 54 meint zwar, das Totenmahl sei schon gleichzeitig mit den spartanischen Stelen nachweisbar und führt zum Beweise eben jenes Relief aus Ibrahim Effendi an, vgl. Note 26, dasselbe ist aber jedenfalls jünger als der älteste Typus des spartanischen Reliefs.

[26]) Abgeb. Ath. M. IV. Taf. VII. S. 162. Nr. 8. vgl. Milchhöfer Ath. M. IV. S. 135. Nr. 32. (dort genauere technische Notizen); v. Sybel 3090; Fr.-W. 54; Arch. Ztg. 1882, S. 308.

sessel, der mit demjenigen der spartanischen Stelen völlig übereinstimmt [27]: Eine Frau, thronend nach rechts, in der Rechten eine Blume, mit der Linken den Schleier genau so ausspannend, wie die Frau auf den spartanischen Reliefs [28]. In der Mitte steht ein Knabe, halblinks gewandt, erhebt in der Linken einen Kranz, unbekleidet. Rechts ist das Relief leider weggebrochen, zum Glück ist noch das Ende einer Kline, eines davor stehenden Tisches und der Fuss des auf der Kline lagernden Mannes zu erkennen, was zur genauen Bestimmung des Reliefs hinreicht. Milchhöfer Ath. M. IV. S. 163 sieht in dem Relief „den Uebergang aus dem Heroenrelief in den Typus des Totenmahls in handgreiflicher Weise dargestellt," die thronende Frau, welche man eine Kopie derjenigen von den spartanischen Denkmälern nennen könnte, beweist diese Annahme; der griechische Künstler rettete in dem Relief aus Ibrahim Effendi dem fremden Mahltypus gegenüber, was zu retten war, und nahm die Thronende des spartanischen Reliefs einfach mit herüber.

## Umbildung des Adorationsbildes zur Spendescene.

Im allgemeinen wird der ursprüngliche Adorationstypus der spartanischen Stelen, wie er durch Nr. 7 und 8 des Milchhöferschen Katalogs vertreten wird, mit fortschreitender Zeit immer mehr vereinfacht, zuerst fallen die Adoranten, dann verschwindet auch die Frau und es bleibt der

---

[27] Der Sessel hat die stilisierten Tierbeine, den Abschluss der Seitenlehne in Form eines Kreissegments, genau so, wie der entsprechende spartanische. Unter der Lehne befindet sich eine Sphinx mit Modius und Tierkopf? Vgl. Milchhöfer Ath. M. IV. S. 136. Note.

[28] Milchhöfer Ath. M. IV. S. 136 zählt die Uebereinstimmungen des Stils mit dem archaischen spartanischen auf und bezeichnet die älteste Kunst Arkadiens, wie sie hier zu Tage tritt, als lakonisch.

Mann allein zurück [29]). Eine andere Entwickelung des Typus versinnlicht uns ein ebenfalls lakonisches Relief [30]), welches dem Stile nach reifarchaisch genannt werden kann. Dasselbe zeigt links eine stehende jugendliche weibliche Figur (ab Beine von den Oberschenkeln abwärts), welche mit der Linken zierlich das Obergewand empor zieht und in der Rechten eine Oinochoe hält [31]). Aus dieser giesst sie den Wein in den Kantharos, welchen ihr der gegenübersitzende Mann hinhält. Leider ist das Relief rechts abgebrochen, aber wiederum hat es der Zufall gefügt, dass das Wichtigste von der Figur des Mannes erhalten geblieben ist, nämlich die rechte Hand, welche den grossen typischen Kantharos hält.

Der Spendetypus, wenn man ihn so benennen will, ist wohl nicht in Sparta selbstständig entwickelt, sondern herüber genommen (vgl. Note 31) und hier auf dem Grabrelief zur Anwendung gebracht, dabei hat man indessen den angestammten Typus des Heroenreliefs nicht fallen lassen, sondern ihn der Neubildung zu Grunde gelegt. Es ist kein Zweifel, dass der thronende Heros genau im herkömmlichen Typus gebildet war, der Kantharos ist nach alten Mustern so ungeheuer gerathen, dass die Oinochoe des Mädchens ganz gegen ihn verschwindet. Zu der Entwickelung des

---

[29]) Mann und Frau nebeneinander thronend, ohne Adoranten, vertreten durch die Nummern 10 (abgeb. Ath. M. II. Taf. 23), 11, 12 (abgeb. Ath. M. II. Taf. 24) und 13 des Milchhöfer'schen Katalogs. Der Mann allein ist dargestellt auf No. 9 des Katalogs, ferner Ath. M. IV. S. 162, Nr. 1, 2, 3 und Ath. M. VII. Taf. 7, S. 160.

[30]) Abgeb. Ath. M. VIII. Taf. 16. S. 364 ff.

[31]) Das Motiv der eingiessenden Frau wird auch sonst viel benutzt und tritt ebenfalls zu anderen Relieftypen hinzu. Vgl. Le Bas. v. f. Taf. 103, wohl das älteste Beispiel, und Sammlung Sabouroff Taf. 29 (Furtwängler). Auf attischen Vasen des 5. Jahrhunderts ist das Motiv des Eingiessens sehr häufig. Ausserhalb Spartas befindet sich meist die Phiale in der Hand des Sitzenden. Vgl. Gerhard, A. V. Taf. 29.

Heroenreliefs, wie sie hier vorliegt, bemerkt Furtwängler, Ath. M. VIII. S. 367 „Den thronenden Heros zeigt der alte in Sparta so schön erhaltene Typus in voller Ruhe, zur Seite der Frau, mit dem vorgestreckten Kantharos. Als man dies zu starr und leblos fand, bot sich das Motiv des Eingiessens als überaus passend dar, um die beiden Figuren in lebendige Wechselwirkung zu setzen. Die Bedeutung der Figuren ist ganz dieselbe geblieben."

Aus den angezogenen beiden Beispielen geht hervor, wie zwei neugebildeten Typen das Adorationsrelief zu Grunde gelegt wurde; allerdings befindet man sich hier im Bereich der spartanischen Kunst, und die angeführten Beispiele haben insofern nur provinzielle Bedeutung; immerhin fordern sie zur Untersuchung auf, inwiefern sich in der attischen, oder allgemeiner jonischen Kunst eine ähnliche Entwickelung verfolgen lässt.

## Umbildung des Adorationstypus zum Familienbilde, speciell zur δεξίωσις.

U. Köhlers a. a. O. geäusserte Ansicht, dass die vorpersische Sitte in Athen auf dem Grabdenkmal den Verstorbenen allein dargestellt habe, wird durch das erwähnte Relief bei Schöne Gr. R. Nr. 122 dahin modificiert, dass in den weitaus meisten Fällen, und da, wo es sich um die Darstellung von Männern handelt, die schlanke Stele mit dem Einzelbilde des Verstorbenen auftritt; dass man aber auch schon zu dieser Zeit in Athen Darstellungen kannte, welche den Toten und den Angehörigen zugleich abbildeten, beweist eben jenes Relief. Sogar der Typus der δεξίωσις ist schon vor den Perserkriegen angewandt worden, wie ein Relief aus Aegina [32]), leider wieder stark fragmentiert, be-

---

[32]) Abgeb. Ath. M. VIII. Taf. 17 unten, S. 375 ff. (Furtwängler). Vgl. Arch. Ztg. 1866. S. 256*; Ath. M. VII. S. 171; L. Mitchell, Hist. of anc. sculpt. S. 248; Fr.-W. 91. Material Marmor, wahrscheinlich parischer.

weist. Auf einem Sessel mit Fussbank [33]) sitzt nach links eine weibliche Gestalt [34]), (ab Oberkörper bis zu den Hüften) in der Linken einen Apfel haltend, mit der anderen Hand ergreift sie die Rechte der vor ihr stehenden Gestalt, die wohl gleichfalls weiblichen Geschlechts ist [35]). Die sitzende Frau trägt langen Chiton, Mantel und Sandalen, bei der stehenden ist nur ein Mantel zu erkennen, doch lässt sich nicht genau sagen, ob nicht unter dem Mantel noch ein Chiton sich befand, denn der obere Teil auch dieser Figur von der Hüfte aufwärts fehlt. Die grosse Bedeutung des Monumentes springt sofort in die Augen, es ist hier eine vollständige $\delta\varepsilon\xi\iota\omega\sigma\iota\varsigma$ vorhanden, die wegen ihres Stiles sicher ins 6. Jahrhundert zu setzen ist (vgl. Fr.-W. a. a. O. und Furtwängler, Ath. M. VIII. 378 ff.), deren Stil ferner mit dem attischen dieser Zeit derartige Verwandtschaft zeigt, dass dieses aeginetische Beispiel der $\delta\varepsilon\xi\iota\omega\sigma\iota\varsigma$ ebensoviel wert ist, wie ein attisches Relief derselben Art. Die erste Schlussfolgerung, welche sich mit Notwendigkeit aus diesem Relief ergiebt, und die auch von Furtwängler a. a. O. gezogen wird, ist die, dass der Typus der $\delta\varepsilon\xi\iota\omega\sigma\iota\varsigma$ nicht eine attische Erfindung des 5. Jahrhunderts ist, sondern schon im 6. Jahrhundert vorkommt. Zweitens zeigt sich dies älteste

---

[33]) Der Sessel hat die Gestalt derjenigen des Harpyienmonuments und der Leukothea Albani, wie er auch auf altattischen Vasen gebräuchlich ist. Vgl. Kunsth. Bilderb. 187, wo auch die Verzierungen der Beine mit Palmetten und Voluten genau angegeben sind, die man sich hier ergänzen muss.

[34]) Das Geschlecht der Sitzenden ist durch ihre Kleidung und das Attribut in ihrer Hand als gesichert zu betrachten. Vgl. Furtwängler. Ath. M. VIII. S. 367.

[35]) Die stehende Figur halte ich mit Fr.-W. a. a. O. wegen der Art, wie sie ihren Mantel trägt, für eine Frau gegen Furtwänglers Ansicht a. a. O. S. 376. Links schneidet der erhaltene erhöhte Rand des Reliefs den Rücken der stehenden Figur ab, es ist das sicher geschehen im Interesse der Verschmälerung des Reliefs; vielleicht ist hier der Einfluss der schlanken Stelenform zu erkennen.

Beispiel der Handschlagsscene beim ersten Blick als eine Umbildung des Adorationstypus, wie aus dem wohlbekannten thronartigen Lehnsessel und vor allen Dingen aus dem Attribut in der Hand der Sitzenden, aus dem Apfel hervorgeht [36]).

Der Handschlag der beiden dargestellten Personen hat hier dieselbe Bedeutung wie auf den Stelen aus dem Ende des 5. und dem 4. Jahrhundert, er drückt die Gefühle aus, welche die Angehörigen der Familie verbinden. Die Scene, wie sie auf der äginetischen Stele vorliegt, ist die einfache Weiterbildung des Typus, den das Relief bei Schöne a. a. O. zeigt, eine Umgestaltung, die so nahe liegt, dass man dem Ursprung der Neuerung kaum besonders nachzuforschen braucht. Die ältere Kunst stellte schon Mutter und Tochter auf dem Grabstein einander gegenüber, die Mutter thront feierlich als Heroine, die Tochter naht ihr mit anbetender Geberde. Wie sollte eine auch nur wenig spätere und höher stehende Kunst nicht darauf verfallen, diesen künstlerisch unfruchtbaren Gedanken, der eine freiere Bewegung hinderte, durch einen anderen zu ersetzen, welcher so nahe lag und fast von selbst dem Künstler aufstossen musste, nämlich darzustellen die menschlichen Beziehungen des Herzens, wie sie zwischen Mutter und Tochter obwalten. Kann man bei dem besprochenen äginetischen Relief genau verfolgen, wie die Kunst den entscheidenden Uebergangsschritt vom älteren zum jüngeren Typus macht, zo zeigt ein zweites erhaltenes

---

[36]) Der Apfel muss, wie Furtwängler a. a. O. bemerkt, symbolisch sein, er kann sich nicht auf einen bestimmten Moment, sondern nur auf einen Zustand beziehen, dessen Charakterisierung er dienen soll. Das ist unzweifelhaft richtig, aber man kann ruhig einen Schritt weiter gehen und behaupten, die Quitte hier, wenn wirklich eine Quitte dargestellt ist, habe dieselbe Bedeutung wie die Granate. Erstens ist die Bedeutung der beiden Früchte nie genau auseinander gehalten worden, zweitens, wenn die Verstorbene ein Symbol in der Hand trägt, so liegt ein Symbol des Todes viel näher, als eins der Ehe, welches Furtwängler a. a. O. annimmt.

Relief noch unfreien Stiles diesen Uebergang schon bewerkstelligt, das Relief trägt aber die Spuren eben dieses Ueberganges noch deutlich an sich.

Dass die sogenannte Leukothea [37]) in der Villa Albani ein Grabrelief sei, wird jetzt wohl allseitig anerkannt, wünschenswert wäre es, wenn festgestellt werden könnte, woher der Marmor des Reliefs stammt [38]), doch lässt der Stil keinen Zweifel darüber, dass die Leukothea mit dem Relief bei Schöne und der vorher besprochenen äginetischen Stele in denselben Kunstbezirk gehört, den man allgemein als jonischen bezeichnen kann, da die Besonderheiten des attischen Stiles sich damals noch nicht ausgebildet hatten [39]). Wahrscheinlich wird demnach das Relief aus parischem Marmor bestehen. Es sind dargestellt links auf grossem Lehnsessel nach attischer Art [40]) mit festem Fussschemel eine jugendliche weibliche Gestalt nach rechts im feingefältelten Chiton und Rock um Unterkörper, zwei schmale Binden im Haar, Handgelenkring. Sie hält auf dem Schoosse ein kleines Kind, bekleidet mit einem langen Kleid und Kreuzbändern um

---

[37]) Abgeb. bei Winckelmann, M. J. 56; Zoega, bassir. I. tab. 41; Inghirami, Mon. Etruschi VI. Taf. D. 6, 2; Annali 1832. Taf C 3; Müller, Denkmäler XI. Nr. 40; Hirt, Bilderbuch S. 62; Overbeck, Plastik³ I. S. 175; Lucy M. Mitchell, A history of anc. sculpt. S. 233. Zur Erklärung vgl. L. Friedländer, de operibus anaglyphis in monumentis sepulcralibus graecis S. 16. Fr.-W. 243.

[38]) Vgl. Brückner, Ornament und Form der att. Grabstelen (Dissertation) S. 60, Note 1.

[39]) Vgl. Furtwängler, Ath. M. VIII. S. 380, welcher bemerkt, „dass der Stil, der in der Marmorskulptur auf Aegina um die Mitte des 6. Jahrhunderts herrschte, von dem um dieselbe Zeit in Attika üblichen sich nicht wesentlich unterschied, er ist älter, als die individuellere Ausbildung des speciell attischen Stiles und wird demjenigen entsprechen, den jene fremden parischen Meister nach Attika brachten." Vgl. Studniczka, Jahrb. d. J. 1887. Antenor.

[40]) Auf die Uebereinstimmung dieses Sessels mit der der aeginetischen Stele und denen des Harpyienmonuments ist schon aufmerksam gemacht worden.

die Brust. Das Kind streckt sein rechtes Aermchen gegen die Sitzende aus. Es folgen nach rechts ein kleineres und ein grösseres Kind und eine erwachsene weibliche Gestalt; die Figuren sind wegen Raummangels teilweise hintereinander geschoben. Die beiden Kinder erheben die rechte Hand gegen die Sitzende, das erwachsene Mädchen, im langen Aermelchiton, hält in den Händen einen Gegenstand wie eine Binde, die sie dem Kinde umlegen will. Unter dem Sessel der Thronenden steht der Kalathos [41]). Ohne Zweifel ist hier ein Familienbild zu erkennen. Die frühverstorbene junge Mutter tändelt mit ihrem jüngsten Kinde [42]), vor ihr stehen die beiden älteren Kinder und erheben wie adorierend die Hand. Die letzte Figur, wohl eine Dienerin, legt dem kleinen Kinde die Binde um, ein genrehaftes Motiv ohne weitere Bedeutung. Und doch liegt es über dem ganzen Bilde wie ein leiser Hauch des alten Adorationstypus und man wird es sehr begreiflich finden, wenn Winckelmann in der thronenden Gestalt eine Göttin sah und die Darstellung als die Pflege des jungen Dionysos durch Leukothea erklärte.

Das Relief bei Schöne a. a. O. beweist, dass man in Attika vor den Perserkriegen mehrfigurige Grabdarstellungen kannte, das Relief aus Aegina und auch die Leukothea Albani zeigen, wie der Uebergang aus dem Adorationstypus in denjenigen des Familienbildes sich vollzieht; sind die beiden letztgenannten Werke auch nicht genau attischen Ursprungs, so ist doch ihre Verwandtschaft mit attischen Werken so gross, dass man denselben Entwickelungsgang auch für

---

[41]) Auch die Anbringung des Kalathos zeigt, dass man es hier mit einer Scene des alltäglichen Lebens zu thun hat. Vgl. Fr.-W. a. a. O. Der Wollkorb unter dem Stuhle der Frau kommt auch sonst auf Grabreliefs vor. Vgl. v. Sybel 150.

[42]) Auch dieses nahe liegende Motiv findet sich im jüngeren Grabrelief wieder, so Nr. 125 bei v. Sybel. Hier ist ebenfalls eine Frau mit ihrem kleinen Kinde auf dem Schoosse dargestellt, das Kleine streckt gleichfalls die Aermchen gegen die Mutter aus.

Attika mit Bestimmtheit annehmen kann [43]). Um nun auf die nachpersische Zeit zu kommen, so hat Köhler gewiss Recht, wenn er a. a. O. bei den Stelen des 5. Jahrhunderts eine gewisse Regellosigkeit konstatiert, soweit es sich um die Form der Buchstaben und die Fassung der Inschriften handelt; auch dass die Darstellungen zuweilen unsicher sind und nicht hergebrachtem Typus folgen, ist zuzugeben; trotzdem stehen sie im Zusammenhang mit den vorpersischen Grabsteinen; das wichtigste unterscheidende Merkmal ist wohl, dass das Motiv des Handschlags fast überall bei mehrfigurigen Bildern auftritt, so bei den Nummern 3, 9, 32, 33, 37 des Köhlerschen Verzeichnisses Ath. M. X. S. 361 — 73; der Handschlag war sicher dargestellt auf Nr. 8, weil sich aus den Inschriften ergiebt, dass eine sitzende und eine stehende weibliche Figur abgebildet war; das Motiv ist durchaus nicht neu, war aber vorher nicht so allgemein in Anwendung. Vgl. Ath. M. VIII. Taf. 17. Auch die Anbringung noch lebender dem Verstorbenen nahestehender Figuren findet sich schon in vorpersischer Zeit, wie die beigebrachten Monumente beweisen. Beziehungen zu der vorpersischen Zeit lassen sich in folgenden Punkten finden. Die Männer sind durchweg, entsprechend der alten attischen Sitte, stehend gebildet, auch wenn sie durch den Handschlag verbunden erscheinen, so in den Nummern 3, 9, 11, 13, 27, 33, 37 des Verzeichnisses von Köhler. Zweimal ist ein Typus erhalten, der stark an die vorpersische Zeit anklingt; eine sitzende Frau, vor der eine andere weibliche Figur steht unter Nr. 32 (Grabstein der Aristylla) und Nr. 8 (Grabstein der Anthemis).

---

[43]) Für die Darstellung der Frau scheint immer das Schema des Sitzens üblich gewesen zu sein, wie sich zunächst aus verschiedenen erhaltenen Darstellungen, so z. B. 1. aus Zoega, bassir. II. 112; Müller-Wieseler, Denkm. II. 24, 257 und 2. aus dem Exemplar bei Brückner, Ornam. u. F. Taf. II. 1. ergiebt. Dann sprechen für diese Ansicht die zahlreichen Basen von Stelen mit breiteren Formen, wie sie aus dem 6. Jahrhundert zahlreich erhalten sind, vgl. hierzu Furtwängler, Ath. M. IV. S. 294 f.

Die beiden Stelen fordern zum Vergleich heraus mit dem erwähnten Relief bei Schöne, der besprochenen Stele aus Aegina und der Leukothea Albani. Auch hier sind immer nur Frauen dargestellt, einige Kinder auf dem Leukothea-Relief, Männer fehlen vollständig. Diese Thatsache passt sehr gut zu der altattischen Sitte, den Mann im Einzelbilde auf der schlanken Stele anzubringen, sodass für Gruppenbilder fast nur die Frau in Betracht kommt. Merkwürdigerweise findet sich auch hier wieder eine Analogie zu dem stilverwandten Harpyienmonument, auch auf diesem Denkmal nahen sich nur weibliche Gestalten den Frauen. Trotzdem machen die beiden Grabsteine der Anthemis und der Aristylla einige Schwierigkeiten, auf die näher einzugehen ist. Auf dem Grabstein der Anthemis besagt ein Distichon, (Ueber die verschiedenen Lesarten desselben vgl. Kaibel Epigr. Gr. 73 und U. Köhler, Ath. M. X. S. 363 f.), dass dies das Grabmal der Anthemis sei und dass die ἑταῖροι der Anthemis dasselbe aus Freundschaft zu dieser im Kreise umstehen. Unter der Inschrift die Namen $ANΘEMIΣ$ $HPOΦIΛE$ in der angegebenen Weise eingehauen. Aus der Stellung der Namen ergiebt sich, wie Köhler a. a. O. sehr richtig bemerkt, dass Herophile sitzend, Anthemis stehend abgebildet war. Anthemis, die Verstorbene war also stehend dargestellt, es fragt sich, wer ist Herophile? Köhler nimmt an, dass Herophile „zu den Genossen der Verstorbenen gehörte, die ihr das Denkmal hatten errichten lassen." Diese Annahme ist willkürlich, besser passt die Annahme, dass Herophile die schon verstorbene Mutter der Anthemis war. In dem Distichon ist vom Besuch des Grabmals durch die Genossen die Rede; die Vermutung liegt nahe, dass diese auch das Grabmal haben errichten lassen, da von den Eltern nichts verlautet, werden sie früher gestorben sein. Für die Vermutung aber, Herophile habe auch zu diesen „ἑταῖροι" gehört, liegt in der Inschrift kein Grund vor, denn hier ist Herophile nicht genannt. Die Mutter als nächste Anverwandte ist viel eher am Platze, ihr schon früher erfolgter Tod hindert nicht ihre Darstellung, denn in Nr. 37 z. B. sind zwei Männer abgebildet, welche wohl beide tot waren [44]). Nimmt man Herophile als Mutter der Anthemis an, so fallen die Schwierigkeiten sofort weg, welche sich sonst notwendigerweise mit der Annahme verbinden müssten, die noch lebende Gespielin sei sitzend, als Hauptperson, die Verstorbene vor dieser stehend abgebildet gewesen. Aehnlich steht es mit dem Grabstein der Aristylla bei Köhler Nr. 32 [45]). Links auf geschweiftem Sessel mit Schemel sitzt eine jugendliche weibliche Figur im dor. Chiton, Mantel über Hinterkopf und um Unterkörper, im Handschlag mit einem vor ihr stehenden Mädchen in Chiton mit kurzen Aermeln, Mantel umgelegt und über die Schultern [46]). Unten

Ἐνθάδε Ἀρίστυλλα κεῖται, παῖς Ἀρίστωνος καὶ Ῥοδίλλης. Σώφρων ἦ ὦ θύγατερ.

Es kann nicht zweifelhaft sein, dass hier Rhodilla und Aristylla dargestellt sind, natürlich ist die sitzende Figur Rhodilla. Diese hier wiederum als schon gestorben anzu-

---

[44]) Dargestellt sind zwei bärtige Männer, welche sich die Rechte reichen, links ihnen zugewandt eine Frau, auch diese stehend. Aus den Inschriften geht hervor, dass zwei Brüder, Aristonymos und Aristomachos abgebildet sind, die Timariste ist wohl die Frau des Aristonymos. Das Denkmal hat errichten lassen Aristeas. Demnach sind mehrere Verstorbene auf einem Denkmal vereint abgebildet, der Errichter des Denkmals, Aristeas, hat nur seinen Namen auf der oberen Leiste anbringen lassen.

[45]) Abgeb. bei U. Köhler, Ath. M. X. Taf. 14; vgl. a. a. O. S. 371. Nr. 32. und S. 376; Eph. I. 2611; Heydemann 804; v. Sybel 104.

[46]) In der Linken trägt die stehende Figur, wie Köhler a. a. O. S. 376 bemerkt, einen Vogel. Wegen dieses Vogels aber in der Aristylla ein Kind zu erblicken, scheint unberechtigt zu sein; der Vogel findet sich auf Grabmälern auch in der Hand von erwachsenen Frauen, so auf dem bei Brückner a. a. O. Taf. II. 1. und dem bei Pervanoglu, Grabst. 21, n. 4 abgebildeten Grabsteine. Ob die Brust wirklich so flach gebildet ist, wie Köhler annimmt, lässt sich nach der Abbildung nicht entscheiden.

nehmen, liegt kein Grund vor, wenn auch die Fassung der Inschrift mit dem Schluss Σώφρων γ'ὦ θύγατερ ganz gut zu der Annahme passt, dass dem Ariston nach der Frau nun auch die Tochter gestorben sei. Die Gruppe Mutter und Tochter wird der Künstler eben so darstellen müssen, wenn er den hergebrachten Typus beibehalten will, denn er kann doch unmöglich die Tochter der stehenden Mutter gegenüber auf einem Sessel sitzend abbilden.

Die Reihe der Grabdarstellungen beschliesse vorläufig Nr. 33 bei Köhler a. a. O. S. 371, eine Handschlagsscene zwischen Mann und Frau, ebenfalls noch dem 5. Jahrhundert angehörig. Auf einer massiven Vase aus pentelischem Marmor ist dargestellt eine nach rechts sitzende Frau, welche einem vor ihr stehenden Manne die Hand gereicht hat und in der Linken einen Spiegel hält. Neben dem Stuhle ein Kind, welches in der Rechten dem Manne einen Vogel entgegenhält; darüber die Inschrift

*ΝΙΚΟΣΣΤΡΑΤΗΓΥΝΗΑΡΙΣΤΗ.*

Mit diesem Relief sind wir vorläufig an einem Ruhepunkte angelangt, nämlich an dem Schema „sitzende Frau, vor ihr stehend der Mann." Dieses Schema reicht, wie U. Köhler a. a. O. bewiesen hat, ins 5. Jahrhundert hinein und lag bei Aufstellung des Paris und Helena-Typus bereits vor. Genrehafte Züge, wie sie auf den Paris und Helenabildern gebräuchlich sind, kommen auch schon auf den Grabstelen vor, so auf der Nikostratestele der Vogel in der Hand des Kindes und besonders der Spiegel in der Hand der Frau, doch haben die Künstler der Grabstelen hier offenbar selbst entlehnt, und zwar von der Malerei, welche in diesen Punkten der Plastik vorangegangen ist und sie beeinflusst hat. Diese Motive werden deshalb besser im folgenden Abschnitt besprochen.

## Erotische Genrebilder.

Auf den rotfigurigen Vasenbildern strengeren Stiles spielen bekanntlich erotische Scenen des Alltagslebens eine grosse Rolle, deren mannigfache Motive, wie man sofort sieht, dem Leben abgelauscht sind. Die hier gegebene Aufgabe erfordert gerade bei diesem reichen Material die grösstmöglichste Beschränkung, ich berühre daher nur das Schema des Jünglings vor seiner sitzenden Geliebten, welches sehr gern angewandt wird [47]). Der Liebhaber reicht dem Mädchen Geschenke dar oder steht bewundernd in ihren Anblick versunken. In der Darstellung der Knabenliebe findet sich dasselbe Schema vielfach angewandt, der geliebte Knabe sitzt auf einem Sessel, vor ihm steht der Erast [48]), ebenfalls entweder Geschenke, wie z. B. ein Häschen, eine Blume u. s. w. darbringend, oder in bewundernder Betrachtung. Fast immer sind die Erasten nur mit dem umgeschlagenen Mantel bekleidet und stehen, gestützt auf ihren Stab, in etwas vorgebeugter Haltung; sehr beliebt dabei ist auch das Motiv des übergeschlagenen Fusses. Auch auf den Grabreliefs ist der Mann oft in dieser bequem lässigen Weise, auf den Stab gestützt [49]) und mit übergeschlagenem Fusse, dargestellt.

Ebenfalls in diesen Kreis gehört wohl das bekannte melische Thonrelief, etwa aus dem Ende des 5. Jahrhunderts [50]), welches vielfach als Darstellung einer Anekdote aus dem

---

[47]) Wiener Vorlegebl. Ser. C. Taf. V., Hetärenbild, Schale des Hieron; Hetärenbild, Gerh. A. V. 2. 247. 48. 1; Darbringung von Liebesgaben Gerh., A. V. 302, 03. 1.

[48]) Vasengemälde von Duris, Wiener Vorlegebl. VI. Taf. VIII. a und b; Gerh. A. V. T. 229. 30, 2

[49]) So bei v. Sybel, Nr. 8. Stele des Alxenor; Nr. 70. Stele des Miltiades; Nr. 84. Stele des Timolas.

[50]) Abgeb. z. B. bei Welcker, Alte Denkm. II. 12. 20; Overbeck, Plastik³ S. 162.

Leben des Alcaeus und der Sappho bezeichnet worden ist. Viel besser und einfacher erklärt sich die Terrakotta ebenfalls als erotische Genrescene, eine Zitherspielerin mit ihrem Liebhaber. Die Bezüge zu den Bildern der Vasen sind unverkennbar, der sogenannte Alcaeus gleicht aufs Haar den Erasten der Vasenbilder, seine Haltung, Kleidung, das Aufstützen des Stabes, alles stimmt mit jenen Bildern überein.

Für die Darstellungen der Toilettescenen werden einige Beispiele genügen. Bei Furtwängler, Beschreibung der Vasensammlung zu Berlin Nr. 2404, 2405, 2406 sind einige Vasen strengeren Stiles besprochen, welche jedenfalls älter sind als die älteste uns erhaltene Paris und Helenadarstellung. Dies geht sowohl aus dem figürlichen Schmuck der Vasen (vgl. 2406, welche abgebildet ist Arch. Ztg. 1882. Taf. 7, 2), als auch aus den Inschriften hervor; auf Nr. 2404 beispielsweise ist das attische Zeichen für den langen E-Laut noch überall im Gebrauch, zweimal zeigt das E sogar schrägabwärts gestellte Horizontalbalken. Auf Nr. 2404 ist abgebildet eine Frau auf geschweiftem Lehnstuhl, die sich eine Binde um den Kopf legt. Vor ihr steht ein Mädchen und hält ihr ein Alabastron hin. Hinter der Sitzenden ein Mädchen mit einem Toilettenkasten. Auf dem Reverse ebenfalls eine Frau, die sich einen Spiegel vorhält, vor und hinter der Sitzenden je ein dienendes Mädchen. Auf Nr. 2405 ist eine Frau dargestellt auf einem Lehnstuhl mit geschweiften Beinen; sie hält einen Schmuckkasten auf der linken Hand und nimmt mit der Rechten eine Binde aus demselben. Ferner zwei mit Hülfeleistung bei der Toilette beschäftigte Mädchen, ein drittes Mädchen naht im Rücken der Herrin.

Von Nr. 2406 will ich eine Figur hervorheben. Eine Frau sitzt auf geschweiftem Lehnsessel, sie spiegelt sich im Spiegel in der Rechten und rückt mit der Linken etwas am Haar zurecht.

Die angeführten Genrebilder, wenn auch zum grössten Teile nicht mehr dem eigentlich strengen Stile angehörig, reichen jedenfalls noch ziemlich weit ins 5. Jahrhundert hinein, wie neuere Forschungen erwiesen haben [51]), ihre Abhängigkeit von Polygnot und Genossen kann hier nicht näher berührt werden. Bei Aufstellung des Paris und Helenatypus lagen diese Bilder schon vor. Abgesehen vom Allgemeintypus sind die Genrebilder auch in den meisten Details als Vorläufer der Paris und Helenadarstellungen zu betrachten, in einem Falle indessen lässt sich Abhängigkeit von der Grosskunst nachweisen. Auf Polygnots Leschegemälde [52]) war auch dargestellt Helena sitzend, neben ihr stehend Elektra, vor ihr kauernd und ihr die Sandale anlegend Panthalis. Das später mehrfach wiederkehrende und unten besprochene Motiv des Anlegens der Sandale ist hier sicher zuerst angewandt.

## Paris erste Begegnung mit Helena.

Die älteste erhaltene Darstellung ist die einer Schale des Berliner Museums F. 2536, die noch dem 5. Jahrhundert angehört, wie sich aus der Zeichnung ergiebt; die jüngsten Bilder sind wohl Wandgemälde und Reliefs römischer Zeit, so dass sich die ganzen Darstellungen auf eine Zeit von reichlich 300 bis 400 Jahren verteilen. Innerhalb des ganzen Denkmälerkreises sollen, wie schon in der Einleitung bemerkt, einzelne Sondertypen herausgehoben und diese nacheinander behandelt werden, indem natürlich mit dem ältesten Typus begonnen wird. Einer Aufzählung der Besonder-

---

[51]) Vgl. für die Datierung der älteren Vasen Furtwängler, Samml. Sabouroff, Einl. zu den Vasen; Studniczka, Jahrb. d. Inst. 1887 S. 159 ff.; und Dümmler am selb. Orte S. 168 ff. Für die jüngeren Vasen und ihr Verhältnis zu Polygnot die angef. Aufsätze von Studniczka und Dümmler und ausserdem Winter, die jüngeren attischen Vasen, 1885, und Jahrb. d. Inst. 1887 S. 228 ff.

[52]) Paus. X. 25. 4. Vgl. die verschiedenen Rekonstruktionsversuche in den Wiener Vorlegebl. für 1888, Taf. 11 u. 12.

heiten des zur Besprechung gelangenden Typus folgt die Erklärung der einzelnen zu ihm gehörenden Bildwerke.

### Typus I.

Natürlich muss, wenn die geäusserte Ansicht sich als richtig erweisen soll, der älteste erhaltene Typus der Paris und Helenabilder wirklich in deutlich erkennbarer Weise sich an die aufgestellten Vorbilder der Grabreliefs und der Vasenmalerei anlehnen, oder, was dasselbe besagt, die Bilder, welche einen derartigen Typus aufweisen, müssen sich als die ältesten Darstellungen oder als abhängig von solchen nachweisen lassen. Zu Typus I gehören demnach diejenigen Darstellungen, welche in der Gruppierung der Personen und in den einzelnen Motiven von den genannten Vorbildern abhängig erscheinen. Paris und andere event. vorkommende männliche Gestalten, Menelaos, Aeneas, erscheinen sämmtlich in griechischer Bekleidung; wenn die beiden Trojaner oder Paris allein griechische Tracht zeigen, so ist das gleichzeitig ein Fingerzeig für das Alter des vorliegenden Bildes oder wenigstens der Vorlage desselben, da die spätere Kunst den trojanischen Helden in reicher asiatischer Tracht darstellt, oder ihn wenigstens durch die phrygische Mütze auszeichnet. Beliebt für Paris ist das Motiv des unter die Achsel gestützten Stabes, zu diesem Motiv tritt einmal sogar der Handschlag hinzu. Dienerinnen der Helena sind meist vorhanden, mit der Toilette oder anderen Dienstleistungen beschäftigt; auch der Kalathos kommt vor zur Andeutung des Lokals. Eros ist jedesmal vorhanden, aber noch nicht so in die Handlung verflochten, wie z. B. in dem etwas jüngeren Typus der Reliefs, einmal ist Eros sogar an die Stelle einer Dienerin getreten und verrichtet Toilettendienste. Dem Typus gehören an 4 Darstellungen, von denen hier zuerst besprochen werden möge die einer 1841 im Piräus gefundenen

## Lekythos[53].

Nr. 1. Auf Lehnsessel nach rechts eine jugendliche weibliche Gestalt, fein gefältelter Chiton mit Haibärmeln, Mantel mit schwarzen Punkten um Unterkörper, Haar in einer Haube, rechter Arm auf der Rücklehne des Sessels, die Linke liegt auf dem linken Knie. Vor ihr ein Jüngling, bekleidet mit einem Pantherfell oder buntem Chiton, mit der Rechten einen Stab unter die rechte Achsel stützend, linker Arm in die Seite gestemmt, Blick auf die Frau gewandt. (Im Nacken scheint der Petasos zu hängen, doch lässt die Zeichnung nichts deutliches erkennen.) Hinter dem Jüngling ein Kalathos, noch weiter rechts eine weibliche jugendliche Gestalt, nach links schreitend, im langen Chiton und eine Schale in der Hand. Hinter der sitzenden Frau ist ein Fragment einer Gestalt bis zu den Knieen erhalten, nach der Gewandung ebenfalls weiblichen Geschlechts und von der Sitzenden fortschreitend. Von rechts schwebt zu der Sitzenden Eros in Knabengestalt heran[54], wahrscheinlich hielt er zwischen den ausgebreiteten Händen einen Kranz. Auf das Alter der Vase lässt sich aus der schlechten Zeichnung leider fast gar nichts schliessen, die Gewandfalten sind, wie es scheint, noch ziemlich ar-

---

[53] Publiciert Ἐφημερὶς ἀρχαιολογική 1841, Nr. 723. Die Zeichnung ist sehr schlecht. Vgl. Overbeck, Gall. Troj. Sagenkr. S. 269; Gerhard, Ann. IX S. 136; Welcker, zu Ternites Tafeln 31. Die Beschreibung bei Overbeck ist etwas verworren, von einem Schmuckgefäss neben Helena ist auf der Abbildung nichts zu entdecken, das „kraterähnliche Gefäss" neben Paris ist ein Kalathos, dass Paris „bescheiden wartend zur Seite stehe," kann man auch nicht wohl behaupten. In der Ephemeris a. a. O. wird der Kalathos für einen Altar erklärt. Die Schale in den Händen der Dienerin ist auf der Abbildung nicht wahrzunehmen, ich habe mich darin auf die Angabe der Ephemeris verlassen müssen, die Schale kommt übrigens öfter in solchen Scenen vor. Vgl. Furtw. 240 b.

[54] Vgl. den schwebenden Eros in Nr. 2, und ferner Overbeck, Gall Taf. XXVI. 12, und Michaelis, Parthenon S. 139 (Metope 36 und 37).

chaisch, auch spricht die Form des Gefässes, sehr dickbauchige Lekythos, der Fuss durch einen einfachen Wulst gebildet, und die Dekoration, um die Schulter ein rotfiguriges ausgespartes Palmettenornament, unter dem Bilde ein Mäander mit Kreuzen, dafür, dass das Bild ziemlich alt ist. Was nun den Inhalt der Darstellung angeht, so wird die Deutung, „Paris und Helena" wohl hauptsächlich gesichert durch die Anwesenheit des Eros, der einem Genrebilde nicht hinzugefügt zu werden pflegt [55]). Andernfalls könnte man das Bild einfach benennen „Jüngling im Frauengemach," denn die Uebereinstimmung mit einem derartigen Genrebilde ist ganz auffällig. Vgl. z. B. F. 2254. „Jüngling im Frauengemach." Frau auf Sessel nach rechts, spinnend. Vor ihr ein Jüngling auf seinen Stab gestützt. Dazu eine Dienerin mit Spiegel und Wollkorb, ein grösserer Kalathos steht hinter dem Stuhle der Frau. Die Schale in der Hand der Dienerin kommt F. 2406 vor. Mit Pünktchen oder Kreuzen verzierte Gewänder sind ebenfalls in der strengeren rotfigurigen Vasenmalerei beliebt, so in F. 2254. Die zweite Dienerin, wegschreitend gebildet, wie sich aus der Stellung des erhaltenen Unterbeins ergiebt, gehört eigentlich auch ins Genrebild, in denen die Dienerinnen meist ab und zu gehend, die Befehle ihrer Herrin ausführend, auftreten. Fortgehend sehen sie sich meist nach der Herrin um. Vgl. die Nummern 2404, 2405, 2406 bei Furtwängler. Das Gemälde der Lekythos zeigt demnach eine sehr weitgehende Abhängigkeit vom Genrebilde. Es folgt ein

**Etruskischer Spiegel** [56]).

Nr. 2. Von vornherein ist klar, dass der Spiegel selbst nicht sehr alt sein kann, aber die schöne Komposition und

---

[55]) Landerer in der Eph. a. a. O. erkennt Aphrodite, Anchises, Adonis (fragmentierte Gestalt) und Dienerin. Es wird nicht nötig sein, dieser Annahme zu widersprechen, bei dem Typus des Bildes handelt es sich nur um die Frage Genrebild oder Paris vor Helena.

[56]) Abgeb. Gerhard, Etr. Spiegel 375.

Zeichnung und das Fehlen jeder etruskischen Zuthat beweist, dass er einem griechischen Vorbild folgt, das der Ausbildungszeit des Typus angehört. Dargestellt sind: Jüngling nach rechts, Mantel um rechte Schulter, Brust und Arm frei, unter die linke Achsel den Stab gestützt, das linke Bein, etwas eingebogen, ist zurückgesetzt und berührt nur mit den Zehen den Boden, im Haar liegt ein Myrtenkranz [57]). Beide Arme hat der Jüngling ausgestreckt gegen eine vor ihm sitzende Frau, Aermelchiton, Himation vom Hinterkopf über den Rücken und um den Unterkörper, linker Oberarm auf der Rücklehne, die Hände vor der Brust gefaltet, Blick nach unten gerichtet. Von der Frau her schwebt auf den Jüngling zu Eros, in Knabengestalt, in beiden Händen einen Myrtenkranz [58]).

Der Stuhl der Frau hat gedrehte Füsse, um das Bild zieht sich eine Ranke von Weinlaub mit Beeren, über dem Griff sitzt ein Häschen und nascht an den Beeren, auch dies ein erotisches Motiv. Paris steht bewundernd vor Helena und streckt verlangend beide Hände gegen sie aus, die schöne

---

[57]) Der Zusammenhang der Myrte mit dem Kult der Aphrodite ist bekannt, mit den keuschen Göttinnen, wie Hera und Artemis, wird sie nicht zusammengebracht. Vgl. Hehn a. a. O. S. 181 ff.

[58]) Früher wurde das Bild gedeutet auf Adonis und Aphrodite, Gerhard a. a. O. nimmt „wegen des bräutlichen Ausdrucks seiner mehr durch den Freier als durch die Schöne bedingten Gruppe Menelaos, Eros und Helena" an. Die ältere Deutung auf Adonis und Aphrodite ist jedenfalls unberechtigt, gegen Gerhards Ansicht lässt sich Folgendes sagen: Für die Darstellung von Menelaos und Helena ist typisch die Wegführung der Helena durch Menelaos, so Furtw. 1739, 1842, 2205; in der Schale des Hieron Furtw. 2291 ist dieser Typus auf die Entführung der Helena durch Paris angewendet, sicherlich aber war damals der später allgemeine Paris- und Helenatypus noch nicht ausgebildet, der Mann vor der sitzenden Frau ist immer als Paris vor Helena zu erklären. Eros, den Paris bekränzend, passt ebenfalls ganz gut, er symbolisiert den Sieg des Trojaners über die verschämt sitzende Helena.

Königin blickt verwirrt zu Boden, doch schon naht Eros mit dem Siegerkranze dem Trojaner; die ganze Scene ist sehr anmutig. Paris ist als Grieche gebildet, statt der Chlamys, die dem reisenden Epheben besonders eignet und die er auch sonst trägt, ist er hier nur mit dem Mantel ganz in der Weise jener Erasten auf den Genrebildern bekleidet, auch der unter die Achsel gestützte Stab und am Spiegelgriff das naschende Häschen weisen dahin zurück, Eros bezeichnet auch hier wohl den mythologischen Charakter der dargestellten Scene.

An den zwei noch übrigen, zu Typus I. gehörenden Darstellungen ist charakteristisch eine Vermehrung der auftretenden männlichen Personen auf zwei und drei; diese Bereicherung, wohl der Sage angepasst, giebt der ganzen Scene ein individuelleres Ansehen. Zunächst möge hier folgen wiederum ein etruskischer Spiegel.

### Etruskischer Spiegel [59]).

Nr. 3. Auf einem Felssitze Helena (beigeschr. ELINA), Aermelchiton, Mantel um Hinterkopf, Rücken und Unterkörper, Sandalen, an der Linken Handgelenkringe, Ohrringe, Halsband, sitzend nach rechts, linker Fuss zurückgezogen, Linke auf dem Schoosse, Handschlag mit dem vor ihr stehenden Paris (ALXSSANTRE), der Körper des Helden en face, linker Fuss über den rechten gekreuzt, Gesicht der Helena zugewandt; hohe Stiefel, Chlamys den Rücken herab, vorn geknöpft, im linken Arm Stab, der unter die linke Achsel gestützt ist [60]). Zwischen beiden Eros in Knabengestalt,

---

[59]) Abgeb. bei Gerhard, Etr. Sp. 377 und Roscher, Lexikon der Mythologie unter „Helena" S. 1959. Vgl. Bulletino dell'Inst. arch. 1848, S. 36. Arch. Ztg. 6. S. 331. Arch. Anzeiger VIII. S. 214.

[60]) Das Vorhandensein des Stabes scheint bis jetzt nicht bemerkt worden zu sein, ich wurde auf denselben aufmerksam gemacht durch Herrn Prof. v. Sybel. Allerdings ist er ziemlich flüchtig gezeichnet, er verläuft vom Unterarm des Paris abwärts zwischen den Beinen des nachfolgenden Menelaos hindurch. Ueb-

schwebend, linke Hand auf Paris Schulter, mit der Rechten auf Helena deutend. Rechts folgt Menelaos (MENELE), unbärtig, nach links, Mantel vom Rücken über beide Arme nach vorn geworfen, mit der Rechten einen Speer aufstützend, in der Linken Striegel und Oelfläschchen. Hinter ihm eine jugendliche weibliche Gestalt auf nicht näher angegebenem Sitz, nach links, kurzes Haar, Aermelchiton, Mantel um Unterfigur, Handgelenkringe, Halsband, Sandalen, Rechte im Schoosse, Linke auf den Sitz gestemmt. Um den Spiegel ein Kranz von Blütenkelchen, am Griff, durch eine Palmette getrennt, zwei schwebende bakchische Gestalten, rechts ein Silen, links eine Bakchantin mit durchsichtigem Gewande. Auch die Darstellung dieses Spiegels geht sicher auf ein älteres griechisches Vorbild zurück, dem sie treu nachgebildet ist. Der Typus des Menele ist dem Aeneas auf Nr. 4 sowohl durch sein Aeusseres, als auch durch seine Stelle in der Komposition sehr verwandt; nur wurde die Dienerin, welche sich auf der ursprünglichen Komposition jedenfalls in der Nähe der Helena befand, hier wegen der Raumverhältnisse des Spiegels an der rechten Seite sitzend angebracht [61]. Das Auftreten des Menelaos ist in der Sage begründet, denn in ihr führt Menelaos seinen schönen Gastfreund bei seiner Gemahlin ein [62]. Paris ist wieder als griechischer Ephebe gebildet und steht in der bekannten Haltung des

---

rigens würde sein Fehlen nur ein Nachlässigkeitsfehler sein, wie das auch auf den Grabreliefs vorkommt, vgl. v. Sybel, Nr. 197. Die Stellung des Paris erfordert einen Stab.

[61] Als Dienerin wird sie nach meiner Ansicht charakterisiert durch das kurze Haar und die einfachere Bekleidung. Ihr einen bestimmten Namen beizulegen, wie Gerh., Arch. Ztg. 6, S. 332 thut, liegt wohl keine Veranlassung vor; hätte der Künstler hier an eine bestimmte Persönlichkeit gedacht, so würde er den Namen ebenfalls beigeschrieben haben.

[62] So nach den Kyprien Proclos. Chrestomath. S. 472 ed. Gaisford. ἐπιβὰς δὲ τῇ Λακεδαιμονίᾳ Ἀλέξανδρος ξενίζεται ἐν τῇ Σπάρτῃ παρὰ τῷ Μενελάῳ.

Erasten auf seinen Stab gestützt, Menelaos trägt Striegel [63] und Oelfläschchen.

Besonders merkwürdig ist, dass auf der Darstellung dieses Spiegels sogar das Motiv der δεξίωσις zur Anwendung gekommen ist; ich bin eine Zeitlang sogar der Ansicht gewesen, es könne zur Vorlage des Bildes irgend ein bestimmtes Grabrelief gedient haben, denn denkt man sich den Eros weg, so fehlt dem Bilde jeder erotische Charakter; man stelle die Dienerin, was ja ohnehin erforderlich ist, der Helena zur Seite oder hinter sie und man gewinnt eine Grabdarstellung, zu der sich unter den erhaltenen Denkmälern ganz genau übereinstimmende Pendants finden lassen. Ein Relief will ich hier anführen; v. Sybel, Nr. 197 ist dargestellt auf einer Marmor-Lekythos mit vorliegendem Relief: eine Frau auf Lehnstuhl nach links, im Händedruck mit einem Bärtigen, im Mantel, Stab unter die linke Achsel gestützt, linkes Spielbein. Hinter diesem ein zweiter Bärtiger, die Rechte auf die Hüfte gestemmt, die Linke hält die Striegel und am Riemen ein kleines Salbgefäss. Hinter der Frau steht ein Mädchen, zu dem sie den Kopf halb umwendet. Rechnet man zu dieser merkwürdigen Uebereinstimmung in der Komposition noch die eigentlich recht ungewöhnliche Anwendung des Handschlags auf dem etruskischen Spiegel hinzu, so wird man unwillkürlich zu der Annahme einer direkten Beeinflussung gedrängt; doch wird sich nichts gewisses sagen lassen, denn der Verfertiger oder Künstler des Spiegels hat sicher nicht direkt vom Grabrelief abgeschrieben, und die griechische Vorlage für dieses etruskische Werk besitzen wir nicht. An und für sich betrachtet, hat die Annahme der direkten Beeinflussung nichts besonders Einnehmendes; dass ein Künstler ein Grabrelief dazu benutzt, um daraus durch Anbringung eines Eros eine Liebesscene

---

[63]) Striegel und Salboelfläschchen kommen natürlich häufig auf Genrebildern vor, auch auf Grabdarstellungen, so bei v. Sybel, Nr. 59, 64, 197.

zu schaffen, ist eine Annahme, gegen die man sich immer sträuben wird. Es folgt die

**Volcenter Schale des Berliner Museums** [64].

Nr. 4. Helena sitzt auf geschweiftem Lehnstuhl nach rechts, feinwelliger Aermelchiton, Himation um Unterkörper, im kurz aufgenommenen Haar Blattspitzen, rechter Arm auf der Rücklehne des Stuhles, Kopf zurückgewandt und in die rechte Hand gestützt, auf ihrem Schoosse ein Toilettenkästchen, darauf liegt der linke Arm. Vor ihr knieend Eros als Knabe mit hochgeschlagenem Flügelpaar, sein Blick ist auf den Fuss der Helena gerichtet, seine Hände sind etwas ausgebreitet (zwischen dieselben gehört eine Sandale) [65]. Zwischen Helena und Eros eine Dienerin en face, dorischer Chiton, kurz aufgenommenes Haar; mit der Linken windet sie sich eine Binde um den Kopf, mit der Rechten hält sie sich einen Spiegel vor [66]. Weiter nach rechts Bärtiger en face, Mantel über linke Schulter, unter dem rechten Arme durchgezogen, im rechten Arme ein langes Scepter, hinblickend nach rechts auf zwei Jünglinge, von denen der erste raschen Schrittes nach links schreitet, lange Stiefeln, Chlamys vom Rücken her über beide Arme nach vorn, Pe-

---

[64] Abgeb. bei Gerhard, Antike Bildwerke T. 34; Overbeck, Gallerie Taf. XII. 9. S. 225; Welcker, Alte Denkm. V. Taf. B. 2. S. 398; vgl. Furtw., Katalog 2536; O. Jahn, Berichte der sächs. Gesellsch. 1850. S. 180; Stephani, compte rendu, 1861. S. 116.

[65] Die Handbewegung des Eros ist von den verschiedensten Seiten missdeutet worden, Overbeck, Jahn, sogar Furtw. noch nehmen teils eine ermunternde, teils eine bewundernde Geberde an, das Richtige hat gesehen Stephani a a. O.; zwischen die ausgebreiteten Hände des Eros gehört eine Sandale, wie die Handstellung und der Vergleich mit anderen so beschäftigten Figuren beweisen. Vgl. Gerh., Mysterienbilder Taf. 7; Stackelberg, Gräber der Hellenen Taf. 31; Zoega, bassirilievi, Taf. 12; vgl. ausserdem Stephani, compte rendu 1860, S. 34, Note 1 u. 2. und Furtw., Eros in der Vasenmalerei, S. 27.

[66] Auch diese Figur ist fast regelmässig falsch aufgefasst.

tasos im Nacken, die Rechte hält zwei Speere. Der Jüngling sieht sich um nach seinem Begleiter, der, ebenfalls unbärtig, ruhig dasteht, Körper halb rechts gewandt, Kopf nach links zu seinem Gefährten, lange Stiefel, Chlamys um den Oberkörper, vorne geknöpft, Petasos im Nacken, im rechten Arm zwei Speere. Ueber die allgemeine Deutung des Bildes kann kein Zweifel mehr sein, alle Erklärer erkennen Paris Einführung bei Helena [67]. In dem Bärtigen hat Gerhard a. a. O. Anfangs Priamos zu sehen geglaubt und Jahn a. a. O. hielt ihn für Tyndaros, die Erklärung Menelaos, welche meines Wissens zuerst Overbeck a. a. O. gegeben hat, ist heute wohl allgemein angenommen, da die Anwesenheit des Menelaos in Sparta während der Ankunft des Paris nach der oben citierten Stelle der Kyprien und ausserdem auf dem zuletztgenannten etruskischen Spiegel inschriftlich gesichert ist. Der Begleiter des Paris kann nur Aeneas sein, der auch in den Kyprien an der Fahrt nach Griechenland theilnimmt [68]. Be-

---

[67] Auch die Dienerin und das ihrer Haltung zu Grunde liegende Motiv ist meistens nicht richtig beurteilt worden, Jahn a. a. O. nimmt Aphrodite an, die mit der Rechten der Helena den Spiegel vorhalte und mit der Linken eine aufmunternde Geberde mache, Overbeck sieht eine Dienerin, die der Helena den Spiegel vorhält, über die Bewegung des linken Arms sagt er nichts, ebensowenig Stephani, der Overbeck folgt. Allerdings sind die Abbildungen insofern unzuverlässig, als sie die linke Hand nur in der Nähe des Kopfes zeigen. Dass die Person mit ihrer eigenen Toilette beschäftigt ist, geht zunächst deutlich aus ihrer Haltung hervor, die Handbewegung erklärt Furtw. a. a. O., sie lege sich mit der Linken eine Binde ums Haupt. Diese, auf dem Vasenbilde selbst wahrzunehmende Procedur ist wohl deshalb nicht von den Zeichnern beobachtet worden, weil linke Hand und Hinterkopf übermalt sind.

[68] Der Begleiter des Paris auf der Berliner Schale wird auch dadurch als Aeneas erwiesen, dass dieser auf rotfigurigen Vasenbildern strengen Stiles bei der Entführung der Helena als Begleiter des Paris mehrmals vorkommt und durch Beischrift sicher gestellt wird. So z. B. auf der Schale des Hieron und Makron

trachtet man nun die Darstellung der Schale zunächst in
Rücksicht auf das Typische, so wird man sagen müssen,
dass sie von den bis jetzt genannten Bildern erheblich **ab-
weicht**. Eros ist in ganz anderer Weise in die Darstellung gebracht [69]), noch ein dritter Mann ist im Bilde er-
schienen in einer durchaus charakteristischen Auffassung.
Die Erklärnng für die Abweichungen und für das stark
hervortretende Individuelle im Bilde liegt nach meiner Ansicht darin, dass, wie sich auch aus der schönen Zeichnung
ergiebt, ein bedeutender Vasenmaler als Verfertiger angenommen werden muss. Die Komposition des Bildes wird
von allen Erklärern gelobt, sogar von Stephani, obgleich
dieser ein in Kertsch gefundenes, noch näher zu besprechen-
des Bild für die Krone aller Paris und Helenabilder hält.
Helena wendet sich beim Erblicken des schönen Fremden
erröthend ab, fein durchdacht ist auch die Gruppe der drei
Männer rechts im Bilde. Paris schreitet energisch voran,
seinem Ziele entgegen und blickt sich unmutig um nach
seinem Genossen, der offenbar um das Vorhaben weiss und
jetzt von Bedenken ergriffen wird, daher seine zögernde Haltung. Der die Fremden führende Menelaos ist ebenfalls stehen
geblieben und sieht sich, verwundert über den Aufenthalt,

---

veröffentlicht durch de Witte, Gazette arch. Taf. 7. 8, S. 57 ff. und
Benndorf, Vorlegebl. Serie C. Taf. I. und auf der Schale des
Hieron. Gerh., Trinksch. u. Gef. I. Taf. 11. 12. und Benndorf,
Vorlegebl. Serie A. Taf. V. vgl. dazu Kekulé, Arch. Ztg. 40. S.
1 — 16, dort auch zwei verkleinerte Abbild. der beiden Schalen.

[69]) Ganz sicher nach Analogie der Dienerin, die zu den
Füssen der Herrin knieend, ihr die Sandale anlegt, ein Motiv,
welches auch Polygnot angewandt hat nach dem Zeugnis des Paus.
X. 25. C. Ein späteres Vasenbild, Overbeck, Taf. XII. 6. zeigt
auch wieder die Dienerin zu den Füssen der Helena knieend und
ihr die Sandale anlegend (oder abziehend?), dasselbe Motiv findet
sich sehr schön angewandt auf dem Grabstein der Ameinokleia,
v. Sybel, 74. Ameinokleia steht auf dem rechten Bein und hebt
etwas den linken Fuss, dem ein vor ihr knieendes Mädchen die
Sandale anlegt; um sich im Gleichgewicht zu erhalten, stützt Ameinokleia die Rechte leicht auf den Kopf der Dienerin.

nach Aeneas um. Weniger glücklich dagegen ist die Figur der Dienerin mit dem Spiegel gewählt, in welcher, ebenso wie in dem knieenden Eros, der Einfluss des Genrebildes sich aufs deutlichste verrät. Diese Dienerin, mit ihrer eigenen Toilette beschäftigt, ordnet sich der so fein empfundenen Gestalt der Helena nicht unter, hat gar keinen Zusammenhang mit den übrigen Figuren und steht beziehungslos und abgesondert unter ihnen, sie ist einfach aus einem Genrebild herübergenommen und in dieser schon so entwickelten Handlung nicht mehr am Platze. Daher auch die Bemühungen der Erklärer, sie in Zusammenhang mit Helena zu bringen. Der Eros, eine Umbildung der knieenden Dienerin, welche die Sandale befestigt, ist ebenfalls etwas unklar in seiner Handbewegung, wenn diese sich auch durch Heranziehung anderer Bilder erklären lässt. Das Reversbild der Schale ist ein schönes Parisurteil, durch das die Bedeutung des anderen Bildes den älteren Erklärern gesichert wurde. Vgl. Furtw. 2536, wo die Abbildungen desselben angegeben sind. Von den vier angeführten Bildern ist dasjenige der Berliner Schale das einzige, welches eine einigermassen genaue Datierung zulässt; aus der Zeichnung lässt sich schliessen, dass die Schale noch dem 5. Jahrhundert angehört, wenn Furtw. a. a. O. auch Spuren von beabsichtigtem Archaisieren in Details entdeckt hat.

### Typus II.

wird vertreten durch vier Reliefs und zwei Wandgemälde, deren Einzelbesprechung weiter unten folgt. Schon Otto Jahn, dann Overbeck und Stephani a. a. O. haben diesen Typus besonders hervorgehoben, der ja auch bei der Abgeschlossenheit und festen Fixierung der Hauptgruppe am leichtesten zu verfolgen ist. Die Komposition stammt, wie die Gruppe Paris und Eros auf dem Neapeler Relief beweist, aus dem 4. Jahrhundert [70]) und ist sicher das Werk eines tüch-

---

[70]) Diese Datierung des Typus ergiebt sich, wie F. Hauser, Neu-Att. Reliefs S. 156. (Mir leider erst während des Druckes zu Händen gekommen) sehr richtig bemerkt, aus dem Bilde einer

tigen Künstlers [71]). Hauptmerkmale dieses Typus sind: Aphrodite selbst tritt in die Handlung ein, neben Helena sitzend legt sie schmeichelnd den Arm um deren Nacken und weist überredend auf den trojanischen Helden hin; Eros wird aus der mehr symbolischen Gestalt des Typus I ebenfalls eine handelnde Person, indem er den zögernden Alexandros zum Entschluss bringt und zu Helena führt. Ganz fortgefallen sind alle an der dargestellten Handlung nicht direkt beteiligten Personen, es fehlen Gefährten des Paris und Dienerinnen der Helena. Kommen derartige Gestalten vor, so sind sie als späte Zuthaten zu bezeichnen [72]). Paris ist als griechischer Jüngling gebildet und stützt mit der einen Hand einen Speer auf; dieses Motiv, welches die praxitelische Hüftkurve entstehen lässt, tritt an die Stelle jenes älteren der Genrebilder auf Vasen und Grabreliefs, wo der Mann den Stab unter die Achsel stemmt und sich nach vorn beugt. Die älteste und dem Original wohl am nächsten kommende Fassung dieses Typus zeigt ein

Relief in Neapel [73]).

Nr. 5. Links im Bilde auf Stuhl mit gedrehten Füssen und Fussschemel Helena, links über ihr die Inschrift EΛENH,

---

attischen Vase, abgeb. Ann. 1879, Taf. N. S. 222—29 (Robert), welche ungefähr in die Mitte des 4. Jahrhunderts zu setzen ist. Auf dieser Vase findet sich die Gruppe Paris und Eros des Reliefs für eine andere Scene ziemlich genau kopiert.

[71]) Dass die ursprüngliche Komposition das Werk eines Malers gewesen sei, wie Hauser a. a. O. S. 155 f. allerdings selbst mit Bedenken annimmt, möchte ich schon aus dem Grunde nicht glauben, weil sie meines Wissens in keinem Vasenbilde für die Paris und Helena-Darstellung benutzt worden ist.

[72]) Auch die Figur der Peitho auf dem Neapeler und dem Vaticanischen Relief halte ich für eine spätere Zuthat, vgl. Hauser a. a. O. S. 156.

[73]) Abgeb. bei Winckelmann, M. J. 115; Millin Gallerie mythol., Pl. 173, Nr. 540; Inghirami, Gall. Omer. To. I. tav. 10; Mus. Borb. To. III. tav. 40; Gargiulo Rec. des mon. To. I. pl. 34; Guigniaut, Rel. de l'art Pl. 246, Nr. 751; Braun, zwölf Bas-

Aermelchiton, Himation um rechte Schulter und Unterkörper, Haar hinten in einen Knoten gewunden, Blick etwas gesenkt, doch verstohlen auf den ihr gegenüberstehenden Paris gerichtet, die Rechte in bedenklicher Geberde etwas erhoben. Neben ihr, etwas vorgeschoben sitzt Aphrodite, über derselben *ΑΦΡΟΔΙΤΗ*, dor. Chiton, von der linken Schulter herabgeglitten, Himation um Hinterkopf und Unterkörper, Sandalen, den Fuss ebenfalls auf Schemel, am linken Arm ein Armband. Sie legt den rechten Arm um Helenas Nacken, schaut sie an und weist mit der Linken verstohlen auf Paris. Dieser steht den beiden Frauen gegenüber, Körper en face, Kopf nach links, Stiefel, Chlamys den Rücken herab, an seiner linken Seite am Riemen ein Schwert; die Linke stützt eine Lanze auf, die nicht plastisch angegeben ist [74]). Der Blick ist auf den vor ihm stehenden Eros gerichtet. Dieser, als Mellephebe gebildet, hat die Linke auf Paris Schulter gelegt und blickt ihm drängend ins Auge, rechte Hand in

---

reliefs, Vign. zu Taf. 8; Overbeck, Heroengallerie Taf. 13, 2. S. 268; Baumeister, Denkm. S. 636, Fig. 708. ferner vorhanden in Photographie (im Marb. Arch. Apparat), nach dieser die Abb. bei v. Sybel, Weltgesch. d. K. S. 283, Fig. 227. Vgl. Otto Jahn, a. a. O. S. 182; Stephani, C. r. 1861, S. 121; Michaelis, Ancient Marbl. in Gr. Br. S. 511, 36; Ersilia Caetani Lovatelli. Bull. della comm. arch. comm. di Roma 8. S. 119—131, S. 125; Fr.-W. 1873. Hauser a. a O. S. 155 f.

[74]) Die Lanze war wohl nur aufgemalt, wäre sie plastisch angegeben gewesen, so müssten Bruchstellen erkennbar sein. Dass Paris sich wirklich auf eine Lanze stützte, und nicht, wie Braun, zwölf Rel. Vign. 2 zu Taf. 8, meint, „mit banger Scheu gen Himmel deute," oder gar mit Stephani, zum Himmel deutete, „um anzuzeigen, Zeus, der ihn bis hierher gebracht, werde ihn auch zum Ziele leiten," ergiebt sich schon aus seiner Körperhaltung, welche eine ausserhalb des Körpers liegende Stütze verlangt. Allerdings zeigt nur die Photographie und die von dieser abhängige Abbildung genau die Haltung des Körpers, auf sämmtlichen anderen Abbildungen verläuft die Hüftlinie zu gerade. Ausserdem ist der untere Teil des Speers auf dem weiter unten zu besprechenden Relief vom Esquilin erhalten.

die Seite gestemmt, linker Fuss zurück, rechtes Bein Standbein, hochgeschlagenes Flügelpaar. Ueber Paris die Inschrift *ΑΛΕΞΑΝΔΡΟΣ*. Hinter Helena sitzt auf einem Pfeiler, in kleiner Gestalt Peitho (*ΠΙΘΩ*), dor. Chiton, Himation um Unterkörper, Modius auf Kopf, die Linke fasst einen Zipfel des Gewandes, die Rechte liegt auf einem Vogel, welcher ebenfalls auf dem Pfeiler zu sitzen scheint. Die Bedeutung sämmtlicher Figuren bis auf Eros, bei dem dies ganz überflüssig war, ist inschriftlich festgestellt. Aphrodite, um dies noch einmal kurz zu wiederholen, beseitigt Helenas Bedenken, symbolisch ist hinter beiden Peitho als Helferin der Aphrodite angebracht [75]), Eros drängt den noch zögernden Alexandros; so sind hier die Liebesmächte selbst geschäftig, die Zaudernden zusammenzuführen. Wie schon vorher bemerkt, halte ich mit den übrigen Erklärern [76]) die Komposition für eine Erfindung des 4. Jahrhunderts, natürlich ist sie nicht, wie Typus I allmälig aus einer grösseren Reihe von Vorbildern erwachsen, sondern ganz sicher das selbständige Werk eines Künstlers, der zwar in der herkömmlichen Weise Helena und Alexandros einander gegenüberstellte, aber doch etwas ganz Neues schuf. Da das Neapeler Relief eine spätere Kopie ist, so fragt es sich, hat man hier, abgesehen von der Figur der Peitho, eine genaue Wiedergabe des ursprünglichen Originals zu erkennen, oder sind fernere Abweichungen anzunehmen? Streicht man die Figur der Peitho auf dem Neapeler Relief, so wird man von der ursprünglichen Fassung der Komposition nicht mehr weit entfernt sein, wie sich aus folgenden Gründen ergiebt. Zunächst ist die Gruppe Paris und Eros wohl am getreuesten

---

[75]) In Betreff der Peitho muss ich mich Hausers a. a. O. geäusserten Bedenken anschliessen, sie passt mit ihrer feierlichen Tracht und in ihrer ganz ausserhalb der Handlung liegenden Darstellung zu schlecht gerade in diese fein abgewogene Komposition. Der von Hauser vorgeschlagene Namentausch mit Aphr. hebt die Schwierigkeiten auch nicht.

[76]) Vgl. v. Sybel, Weltgesch. d. K. S. 283.

gerade auf diesem Relief dem Original nachgebildet; beide Figuren haben nach einer praxitelischen Weise einen ausserhalb ihrer selbst liegenden Stützpunkt, Paris seinen Speer, Eros des Alexandros rechte Schulter, Paris Haltung muss infolge des auf seiner rechten Schulter lastenden Druckes etwas straffer sein, als die Haltung, welche Eros einnimmt, was auch mit grosser Feinheit zum Ausdruck gebracht ist, auch die Gestalt des Eros, hier noch ein „Knabe näher dem Jüngling," ist echt praxitelisch. In dem hier anzuschliessenden Relief im Vatican ist die Gruppe allerdings sehr ähnlich, aber doch schon schwächer. Paris schaut an Eros und Helena vorbei aus dem Bilde heraus. In dem Relief vom Esquilin ist Eros schon zu einem kleinen Knaben zusammengeschrumpft, und die Gestalt des Alexandros ist, wie sich aus der Stellung der Beine ergiebt, auch schon unklar und unrichtig gefasst, ganz zu schweigen von dem Relief in England; dort zieht der ächt hellenistisch gegebene Eros den Trojaner am Gewande zu Helena hin. Ferner enthalten sämmtliche andere Reliefs ausser dem Neapeler noch weitere Zusätze, welche sicherlich späterer Zeit angehören, das Relief vom Vatican eine archaisierende Apollonstatue hinter Paris, das Relief vom Esquilin drei archaisch gehaltene Grazien und (wahrscheinlich) zwei Musen, das Relief in England drei Musen. Bezüge Apolls, der Grazien und der Musen zur Liebesvereinigung des schönen Paris und der schönsten Frau lassen sich wohl genugsam auffinden und mussten solche Zuthaten gerade dort am leichtesten eintreten, wo die zu füllende Bildfläche grössere Breite im Verhältnis zur Höhe zeigte, als die ursprüngliche Komposition verlangte, sobald aber hinter Helena eine Reihe anderer Figuren, z. B. Musen, folgte, so war für Peitho kein Platz mehr vorhanden [77].

---

[77] Die Figur der Peitho, wenn auch spätere Zuthat, muss doch ziemlich früh eingetreten sein und für spätere Nachahmungen allgemeinere Geltung erlangt haben, denn im Neapeler und im Vaticanischen Relief tritt sie ganz in derselben Wiedergabe auf.

Den späteren Ursprung dieser Gestalten erkennt man ausserdem an dem archaisierenden Stile, in dem sie ausgeführt sind, so der Apollo auf dem Relief im Vatican, so die Grazien auf dem vom Esquilin stammenden Relief; wenn auch schon in älterer Zeit zuweilen mit Absicht archaisiert wurde, so gehören diese Typen doch sicher in spätere Zeit.

**Relief im Vatican** [78].

Nr. 6. Die Darstellung ist bis auf Einzelheiten dieselbe, wie die des vorhergehenden Reliefs; die Figuren der Peitho und Helena stimmen genau überein, Aphrodite zeigt den ganzen Oberleib entblösst [79]; Eros trägt eine Binde im Haar, Paris schaut aus dem Bilde heraus, sonst ist auch diese Gruppe dieselbe [80]. Hinter Paris auf einer runden, oben und unten vorkehlenden Basis eine Apollonstatue in archaischem Stile, nach links gewandt, unbekleidet, in der Linken den Bogen, die Rechte etwas vorgestreckt, das Haar fällt in zwei langen gedrehten Locken auf die Brust. Inschriften fehlen. Ueber die Bedeutung der Apollonstatue ist man verschiedener Ansicht gewesen [81]; ich glaube nicht, dass Jahns

---

[78]) Abgeb. bei Guattani M. J. Giugno, 1785, S. 41—47. Vgl. Zoega, B. R. I. S. 38, Beschreibung Roms II. 2. S. 195, 14. Jahn, Ber. der sächs. Gesellsch. der Wissenschaften 1850, S. 183, Stephani, C. r. 1861, S. 121 f. Michaelis, Ancient. M. S. 511 ff., über die Hinzufügung der Musen auf dem engl. Relief Hauser a. a. O. S. 156.

[79]) Auf die Uebereinstimmung mit der entsprechenden Figur der aldobrandinischen Hochzeit hat schon Jahn a. a. O. hingewiesen.

[80]) Ausserdem fehlen dem Paris hier die Stiefel.

[81]) Auf Delphi ist dieser Apollon bezogen worden von Morrison bei Guattani a. a. O. S. 43 ff., auf Troja von Otto Jahn, Peitho S. 24, dann von Jahn in den Sitzungsberichten a. a. O. S. 183. auf Amyklai, von wo die Entführung der Helena nach Ovid Her. II. 5 f. und Statius Achilleis I. 20 f. ausging. Dieser Erklärung hat sich Overbeck a. a. O. S. 269 unbedingt angeschlossen, während Stephani a. a. O. S. 121 f. sich gegen dieselbe ausspricht mit den Worten: „Sollte hier der amykläische Gott gemeint sein, so müsste die charakteristische Form dieses Kultbildes wiedergegeben sein." Die dann geäusserte Ansicht Stepha-

Erklärung a. a. O., der hier den Apollon von Amyklai erkennt, anzunehmen ist; ein Bildhauer römischer Zeit wird schwerlich, weil nach einer Sage (siehe unten) die Entführung von Amyklai ausging, um diesen sicher ziemlich unbekannten Zug zur Erinnerung zu bringen, nun als Zeichen dafür eine Apollonstatue hinter Paris anbringen, während doch die Scene selbst im Hause des Menelaos spielt.

Wie schon bemerkt worden, finden sich auf dem Relief vom Esquilin drei tanzende Grazien und ferner ein Kopf einer weiblichen Figur, nebst Gewandtheilen einer zweiten, die man höchstwahrscheinlich als Musen zu ergänzen haben wird, wie das ja auch geschehen ist. Auf dem Relief in England befinden sich drei Musen, welche Musik machen. Als Zuthaten auf den drei Reliefs ergeben sich somit Apoll, die Chariten und die Musen; beide, Chariten sowohl, als auch Musen in offenbarer Beziehung zu der dargestellten Zusammenkunft von Paris und Helena. Wird es zu kühn sein, auch die Statue des Apoll auf diese Weise zu erklären? Bei Heroenhochzeiten treten Apoll, die Musen und die Chariten öfter auf; Apoll und die Musen pflegen dann zu musicieren, die Chariten, Aphrodite und verwandte Gottheiten dazu zu tanzen. Vgl. Il. 1. 604; Hymn. in Ap. P. 9 ff. Die Hauptschwierigkeit dieser Auffassung liegt darin, dass hier unbestreitbar eine Statue des Apollon dargestellt ist, und dass er den Bogen trägt, während ihm die Kithara zukommen würde; sollte der Apollon doch auf ein bestimmtes Lokal hinweisen, so würde ich lieber Jahns zuerst geäusserter Ansicht folgen, dass hier Apollon die Stadt vertrete, deren mächtiger Schützer er während des Krieges war, und von der Paris jetzt herkommt [82]).

---

nis, dass der Anteil des Apollo an dem Spruche des Paris den Künstler veranlasst habe, die Bildsäule hier anzubringen, scheint mir ebenfalls zu gesucht, vgl. Stephani, C. r. 1861, S. 66. Vgl. übrigens, was Hauser, a. a. O. S. 29 zu diesen archaisierenden Figuren bemerkt.

[82]) Vgl. Helena in der Iliupersis, wo sie bisweilen auch zum Apollobild flieht, so bei Overbeck, Heroengall. Taf. 26, 11.

### Relief vom Esquilin [83].

Nr. 7. Das Relief zeigt in rund um das ganze Gefäss laufender Darstellung Helena auf Sessel mit gedrehten Beinen und Fussschemel, nach rechts, Aermelchiton, Himation um linke Schulter und Unterkörper, kurzes Haar, Blick zu Boden gesenkt, der rechte Arm liegt auf dem Schoosse auf; (ab rechte Hand). Neben ihr, etwas nach vorn gerückt, Aphrodite, Stephane im Haar, Himation vom Hinterkopf um Rücken und Unterkörper, rechter Arm um Helenas Nacken gelegt, Gesicht ihr zugewandt, die Linke deutet verstohlen auf Paris, der weiter nach rechts vor den beiden Frauen steht, nach links, Oberkörper und Gesicht halb en face gedreht, Chlamys auf der rechten Schulter geknöpft über die linke zurückgeworfen und den Rücken herab, Stiefel, an der linken Seite Schwert am Riemen, die Linke stützt einen Speer auf, die herabhängende Rechte fasst einen Zipfel des Chlamys; vor Paris Eros in Knabengestalt mit hochgeschlagenem Flügelpaar, linker Fuss über den rechten gekreuzt, rechte Hand in die Seite gestemmt, die Linke umfasst Paris rechtes Handgelenk, der Blick zu Paris erhoben. Hinter Helena erscheinen drei Musen, zunächst Polyhymnia, langer Chiton und ausserdem ganz in den Mantel gehüllt, nur der Kopf und die linke Hand mit der Rolle sind frei, Sandalen. Es folgt Euterpe, die Doppelflöte blasend, Aermelchiton und Himation, dann als letzte Erato oder Terpsichore, Aermelchiton, Mantel um die rechte Seite und über die linke Schulter zurück, Sandalen, in den Händen Lyra

---

[83]) Abgeb. Bull. della commissione arch. comm. di Roma, Bd. 8. 1880, Tav. VI., VII., VIII. S. 119 — 31 Ersilia Caetani Lovatelli, aufgefunden im Juli 1875 im Weinberg des Klosters Sanct Antonius auf dem Esquilin, jetzt im kapitol. Museum Aufgefunden in Stücken, wieder zusammengesetzt zu einem Krater, unter den Griffen Silensmasken. Sehr vieles in der Darstellung ist ergänzt, worauf ich weiter unten komme. Vgl. Verhandl. der Königl. sächs. Gesellsch. d. W. 1878, S. 129. (Heydemann). Hauser a. a. O. S. 30 (34 a).

und Plektron. Dahinter als Abschluss eine Säule (oder ein Pfeiler?), oben mit einem Wulst und einer Deckplatte abgeschlossen.

Hinter Paris bildet den Abschluss ein Baum. Auf der anderen Seite des Gefässes sind, den Musen abgewandt, drei tanzende Chariten, sich an den Händen haltend, abgebildet in archaisierendem Stile, der sich indessen fast nur in den Gewändern mit den vielen Schwalbenschwänzen zeigt und in der Behandlung des Haares, die Gesichter weisen denselben Stil auf wie die übrigen Figuren. Die erste, feines Untergewand, darüber ärmelloser Chiton mit Ueberschlag, Sandalen, Stephane im Haar, zwei gedrehte Locken fallen auf die Brust, hält in der Rechten eine Blume, hat die Linke der folgenden gereicht, und schreitet den Schwestern voran tänzelnden Schrittes nach links. Die Schwestern, auch sie wieder durch Handschlag vereint und ganz ähnlich gekleidet, folgen ebenso, die Letzte fasst mit der Linken einen Zipfel des Gewandes.

Die Darstellung, wie sie hier vorliegt ist sehr stark und in manchen Theilen ganz gewiss falsch restaurirt. Von Paris war nichts erhalten, als die Beine vom Knie abwärts, und das untere Ende des Lanzenschaftes [84]; die Restauration hat sich an die Reliefs von Neapel und aus dem Vatican gehalten und ist wohl richtig, dasselbe gilt von Eros, dem rechter und linker Unterarm mit Hand und der Körper von den Hüften bis zum Knie fehlte. Anders steht es mit Aphrodite. Hier fehlte der Oberkörper vom Knie abwärts bis zum halben Oberschenkel und hat der Restaurator, dem vaticanischen Relief folgend, Aphrodite mit ganz entblösstem

---

[84] Uebrigens ist die Lanze nicht mit der Spitze aufgestützt, wie die Herausgeberin a. a. O. S. 120 meint, das kommt überhaupt, so viel ich weiss, kaum vor, die auf dem Relief unten am Schaft befestigte Spitze ist der sogenannte Schuh, der zum Einstossen der Waffe in den Boden dient. Vgl. Benndorf, Griech. und Sicilische Vasenbilder Taf. 39, 1; und Stackelberg, Gräber der Helenen Taf. 38.

Oberkörper gebildet, obwohl der unter dem Mantel hervorkommende Saum des Chiton deutlich beweist, dass dieses Kleidungsstück hier vorhanden war. Eine dem Neapeler Relief folgende Restauration wäre wohl besser am Platze gewesen.

Die Gruppe der drei Musen ist neu bis auf ein Fragment der ersten, einen vom Oberarm bis etwa zur Ferse des linken vorgesetzten Fusses herablaufenden schmalen Streifen von ungefähr Handbreite und den Kopf der letzten, Polyhymnia ist nach der Art, wie auf dem erhaltenen Streifen das Gewand geordnet ist, ohne Zweifel richtig rekonstruiert, die letzte Muse ist nach Analogie des englischen Reliefs ebenfalls mit Recht als Erato ergänzt worden, dagegen verursacht mir die dazwischen geschobene Figur der Euterpe Bedenken, die Anordnung wird dadurch eine so gedrängte, dass man lieber auf die dritte Muse verzichtet und nur zwei annimmt [85]). Auch Michaelis Anc. M. a. a. O. findet die Ergänzung willkürlich [86]). Von der Säule ist das Unterteil, von der letzten Grazie der Teil etwa von den Knieen abwärts und die linke Hand ergänzt, jedoch zweifellos richtig.

Die Hauptgruppe ist somit ziemlich die gleiche geblieben. Die spätere Auffassung verrät sich besonders, wie schon oben gesagt, in der Stellung des Paris und in der zusammengeschrumpften Gestalt des Eros, dessen Stellung trotzdem noch dieselbe geblieben ist; wegen seiner Kleinheit fasst er nur noch Paris Handgelenk. Die übrigen Figuren, Musen und Chariten, verherrlichen durch ihre Gegenwart den Liebesbund, wie sie ja auch bei der Hochzeit des Peleus mit der Thetis anwesend waren.

---

[85]) Gruppen von nur zwei Musen sind ebensogut zulässig, wie solche von dreien.

[86]) Michaelis a. a. O. meint, der Wiederhersteller sei dazu veranlasst worden durch ein schwaches Ueberbleibsel einer bekl. weiblichen Figur, hier liegt insofern ein Irrtum vor, als auch der Kopf der dritten erhalten ist; da auf dem ersten Fragment der Mantel der Polyhymnia deutlich hervortritt, ist an eine Dienerin nicht wohl zu denken.

### Relief in Marbury Hall [87]).

Nr. 8. Helena sitzt auf Stuhl mit gedrehten Beinen, Schemel, nach rechts, Aermelchiton, Mantel vom Rücken um Unterfigur, Schuhe, Haar hinten in einen Knoten gebunden, Rechte zum Kinn erhoben, Linke im Schooss, Blick zur Erde gerichtet; neu Kopf, rechte Schulter, der grössere Teil des rechten Unterarms, linke Hand und Handgelenk. Neben ihr, etwas vorgeschoben, sitzt Aphrodite, Chiton, dieser von der rechten Schulter herabgeglitten, Mantel vom Hinterkopf um Rücken und Unterfigur, Blick auf Helena gerichtet, rechter Arm um deren Schulter, mit der ausgestreckten Linken weist sie auf den vor ihnen stehenden Paris; neu bei Aphrodite Nase, beide Daumen, rechter Fuss. Paris, Körper en face, Chlamys auf der linken Schulter geknöpft und über den Rücken herab, phrygische Mütze, legt die linke Hand an die Brust, Blick auf Eros gerichtet; dieser als Knabe gebildet, en face, grosse Flügel, fasst mit beiden Händen Paris Rechte und zerrt ihn, mit dem rechten Fusse kräftig ausschreitend, zu Helena hin. Neu an Paris Gesicht, rechter Vorderarm mit Hand, linke Hand teilweise, ein Stück vom linken Oberschenkel; an Eros Kopf, rechter Arm und Schulter, linke Hand und die beiden ersten Zehen des linken Fusses. Hinter Helena drei Musen nach rechts [88]); ihr zunächst Polyhymnia, auf einen niederen Pfeiler gelehnt, ganz in ihren Mantel gehüllt, in der Linken eine Rolle; neu Nase, linke

---

[87]) Abgeb. b. Tischbein, Homer Pl. V. 2; Millin, Gall. mythol. Pl. 159, 541; Specimens of. anc. sc. II. 16; Müller-Wieseler, Denkm. II. 295; vgl. Orlandi, Le nozze di Paride ed Helena, Rom 1775; O. Jahn a. a. O. S. 184 f.; Overbeck a. a. O. S. 269 f.; Stephani a. a. O. S. 122; Arch. Ztg. 22, S. 336* f. (Conze); Arch. Ztg. 32, S. 47 f. (Michaelis); Michaelis, Anc. Marbl. S. 511 ff., Marbury Hall, 36. Ferner abgeb. bei Guigniaut, Rel. de l'art Pl. 231, Nr. 753. Früher ein Puteal, wurde das Relief durch Jenkins um das Jahr 1772 zur Vase umgestaltet, vgl. Michaelis an den angef. Orten Vgl. Hauser a. a. O. S. 28 f. (34).

[88]) Euterpe und Erato, Typus 37 und 38, bei Hauser a. a. O.

Hand mit Rolle. Es folgt Euterpe, Aermelchiton, Mantel um, die Doppelflöte blasend; neu Nase, kleiner Finger der Rechten, ein grosser Teil des rechten Unterarms und rechtes Knie. Zuletzt Erato, Aermelchiton, Mantel um, auf einem Instrument spielend, das einer Lyra ähnlich sieht; neu Nase, rechter Unterarm mit der unteren Hälfte der Hand, und halb der rechte Fuss. In Kopfhöhe der Figuren zieht sich eine Inschrift hin [89]). Nach Michaelis a. a. O. ist die Darstellung derart überarbeitet, dass wohl wenig von der ursprünglichen Oberfläche erhalten ist, doch ist der Restauration, die sich hier auf kleine Teile beschränkt hat, nicht so viel Raum gelassen, als auf dem vorhergehenden Relief, die Darstellung wird man so, wie sie vorliegt, hinnehmen können. Aus verschiedenen Gründen ergiebt sich, dass die Komposition dieses Reliefs die jüngste von den uns vorliegenden ist, die Hauptgruppe weicht am meisten von dem anzunehmenden Original ab. Ueber die Bedeutung der Musen dürfte eine längere Auseinandersetzung überflüssig erscheinen, sie haben dieselbe Bedeutung wie auf dem vorigen Relief [90]). Die Gruppe Helena und Aphrodite hat schon sehr verloren, dies tritt weniger bei Helena als bei der Göttin hervor, die mit weitausgestreckter Hand auf Paris deutet. Dieser, auch mit phrygischer Mütze ausgestattet, stützt nicht mehr den Speer auf, dies Motiv ist schon verloren gegangen. Am meisten ist Eros verändert. Auf Relief 1 und 2 sahen wir ihn noch als reifenden Knaben, in Nr. 3 war er zwar schon zu einem kleinen Knaben, nach späterer Auffassung, zusam-

---

[89]) Zu der Inschrift vgl. O. Jahn, a. a. O. S. 185 mit der Erklärung von Mommsen. Ferner vgl. Wilmanns, Exempla inscript. lat. Nr. 315; Michaelis a. a. O. und Arch. Ztg. 32, S. 47 f., wo die Litteratur angegeben ist. Wilmanns hält das Ganze für ein Grabmal und zieht als Beispiel die oben genannte Inschrift heran.

[90]) Overbeck a. a. O. S. 270, Note 23 möchte in den Musen einen mehrfach wiederkehrenden Ausdruck des Verlockenden und Verführerischen in der Musik erkennen.

mengeschrumpft, aber die ursprüngliche Stellung, wie er ruhig dasteht und dem Paris drängend ins Auge sieht, war noch beibehalten, hier sieht man ihn auch in einem neuen Motiv, welches einer späteren Zeit angehört [91]), die Komposition hat aber verloren durch die im Allgemeinen zu bemerkende lautere Geberdensprache.

Noch weiter weichen zwei Darstellungen anderer Art von der ursprünglichen Komposition ab, obwohl sie offenbar dieser folgen.

**Wandgemälde aus Herculaneum** [92]).

Nr. 9. Auf gepolstertem Stuhl ohne Lehne Helena, Aermelchiton, Mantel um Unterkörper, Schuhe, Haar hinten in einen Knoten gewunden, Handgelenkringe, sitzend nach rechts, den rechten Arm auf den Sitz gestemmt, die Linke redend erhoben im Gespräche mit der neben ihr sitzenden Aphrodite. Diese ebenso bekleidet wie Helena, fasst mit der Linken einen Zipfel ihres Mantels und ergreift mit der Rechten Helenas Linke. Den Frauen gegenüber Paris stehend, Körper en face, Kopf etwas zur Seite geneigt, Chlamys den Rücken herab und über den rechten Arm, in dem der Held ein Schwert mit der Scheide hält, die Linke erhebt eine Blume. Von Helena nach Paris schreitet Eros in Knabengestalt, Mäntelchen um den linken Arm, in der Linken den Bogen, Halsband, und deutet mit der Rechten auf Helena. Hinter Helena zwei Dienerinnen nach rechts, welche eine

---

[91]) Die hellenistische Zeit hat diese und ähnliche Motive ausgebildet, übrigens war auf Aetions Gemälde ein Eros beschäftigt, „$\mu\acute{\alpha}\lambda\alpha$ $\beta\iota\alpha\acute{\iota}\omega\varsigma$ $\dot{\epsilon}\pi\iota\sigma\pi\acute{\omega}\mu\epsilon\nu o\varsigma$", den Alexander zu der Rhoxane hinzuziehen; ein Zusammenhang ist als wahrscheinlich anzunehmen, vgl. Hauser a. a. O. S. 29. Jedenfalls war des Aetions Gemälde älter, als dieses Relief römischer Arbeit aus „geflecktem, italischem Marmor", wie Michaelis a. a. O. den Marmor bezeichnet.

[92]) Abgeb. Pitt. di Ercol. II. 25; Millingen, Uned. mon. To. I. pl. B. IV.; Piroli, Ant. d'Hercul. To. II. pl. 22; Kaiser, Hercul. u. Pomp. Th. IV. Taf. 7. Vgl. W. Helbig, Camp. Wandgemälde 1289, vgl. Overbeck a. a. O. S. 270 f.; O. Jahn a. a. O. S. 186; Stephani a. a. O. S. 122 f.;

Fruchtschüssel mit Früchten herbeitragen, Chiton mit Aermeln und Mantel. Die vier Hauptpersonen sind noch in derselben Weise angeordnet, wie auf den Reliefs, die Verwandtschaft der Komposition tritt hier noch deutlich hervor, aber die Entfernung vom Original wird immer grösser. Aphrodite ergreift Helenas Linke, wohl um die widerstrebende Griechin dem Trojaner zuzuführen, Eros schreitet von ihr fort zu Paris und deutet triumphierend auf Helena, die sein Geschoss empfindet [93]), Paris selbst steht ruhig da und erhebt sinnbildlich eine Blume, das Zeichen der Liebeswerbung. Die Gruppe Aphrodite und Helena hat alles Charakteristische verloren, Aphrodite ist von der Sterblichen gar nicht mehr zu unterscheiden, von dem Drängen der Göttin, dem verschämten Widerstand Helenas ist nichts mehr zu bemerken, übrig geblieben sind zwei Frauen [94]), die irgend eine Unterhaltung pflegen. Die Gruppe Paris und Eros des Originals, vergröbert schon auf dem englischen Relief, ist hier ganz zerrissen, die Beziehung des Eros zu Paris ist gelöst, an ihre Stelle ist die Beziehung zu Helena getreten, nur die Stellung des Liebesgottes vor Paris erinnert noch an den früheren Zusammenhang. Die Dienerinnen hinter Helena bezeichnet Overbeck a. a. O. als müssige Raumfüllung, was sie auch jedenfalls sind, nur wird man dabei berücksichtigen müssen, dass diese beiden Frauengestalten an der Stelle sich befinden, wo auf den jüngeren Reliefs sich Musen vorfinden, zwei auf dem Relief vom Esquilin, drei auf dem

---

[93]) Eros trägt den Bogen, und die Weise, wie er auf Paris losschreitet, sich dabei umwendend und auf Helena deutend, zeigt nach meiner Ansicht, dass er bei dieser etwas ausgeführt hat, dessen er sich freut; Overbeck und O. Jahn a. a. O. nehmen an, Eros schreite gleichsam als Liebesbote hin zu Paris, Stephani a. a. O.: „Der kleine Eros winkt ihr, sich zu erheben und Paris näher zu treten."

[94]) Dass beide Frauen wirklich im Gespräch begriffen sind, beweist Helenas redend ausgestreckte linke Hand, der Gegenstand ihrer Unterhaltung ist natürlich Paris.

englischen Relief. Die Erinnerung an derartige Figuren hat den Maler des Bildes wohl bewogen, hier ein Paar Dienerinnen anzubringen [95]).

**Wandgemälde aus Pompeji** [96]).

Nr. 10. Helena auf Sessel mit Rücklehne, nach links, Chiton, Mantel um, Perlenschnur im Haar, Armband am linken Oberarm, hält in der Rechten den Bogen des Eros fest, welchen dieser selbst mit der Linken gefasst hat, als Knabe gebildet, en face. Noch weiter nach links Helena gegenüber Paris, Chlamys auf der rechten Schulter geknöpft, rechte Seite des Körpers frei, Mütze [97]); sein Blick ist auf Helena gerichtet, die Rechte hält einen Pfeil fest, den Eros am unteren Ende mit der gehobenen Rechten ergriffen hat; mit dem Zeigefinger der rechten Hand deutet Paris auf Helena. Hinter Helenas Stuhl, den linken Arm auf die Lehne gestützt, die Rechte unter dem Kinn, Aphrodite, Chiton, Mantel um, Armband am linken Oberarm, Blick etwas abwärts auf Eros gerichtet. Die Bedeutung der Einzelheiten in der dargestellten Scene ist nicht ganz klar, man weiss besonders nicht, was Helena und Paris mit Bogen und Pfeil des Liebesgottes beabsichtigen. Es scheint, als ob Eros von seinem Geschoss Anwendung machen wolle, aber von den beiden Beteiligten daran gehindert werde [98]), Paris hält den

---

[95]) Overbeck a. a. O. macht darauf aufmerksam, dass nach der Sage Paris der Helena beim Mahle die ersten Geschenke mache, eine Andeutung des Mahles könne in den Dienerinnen mit der Fruchtschüssel gefunden werden, wenn wir ein Vasenbild der alten Zeit hier vor uns hätten.

[96]) Aufbewahrt in einer Zeichnung Bartolis, abgeb. b. Winckelmann M. J. 114. Vgl. Overbeck a. a. O. S. 271; Stephani a. a. O. S. 123.

[97]) Die Form der Mütze nähert sich der sogenannten griech. Schiffermütze, das Horn der phrygischen Mütze fehlt, doch ist jedenfalls die letztere, als für Paris charakteristische Tracht gemeint und nur etwas undeutlich geraten.

[98]) Nach Overbeck a. a. O. S. 271 reicht „Helena dem Eros den Bogen, damit er ihn nebst dem Pfeil, welchen er in der Rechten

Pfeil und bedeutet den Liebesgott durch den ausgestreckten
Zeigefinger, das Geschoss nicht gegen ihn, sondern gegen Helena zu richten, welche ihrerseits den Bogen festhält, um
den Gott daran zu hindern; Aphrodite, als solche wohl gesichert, abgesehen von ihrem Vorkommen auf den übrigen
Darstellungen, durch ihre Kleidung und die vertrauliche
Haltung, sieht dem Beginnen ihres Sohnes zu. — Wie man
bemerkt, ist die ursprüngliche Scene fast bis zur Unkenntlichkeit verändert, Aphrodite lehnt hinter Helenas Stuhl
und sieht ziemlich passiv in die Scene, die charakteristische
Gruppe der beiden nebeneinander sitzenden Frauen ist gänzlich verschwunden. Die Berechtigung, dieses Bild dem Typus II. überhaupt anzureihen, ergiebt sich fast nur aus der
Figur des Eros, welcher noch deutlich in die eigentliche
Handlung verknüpft ist, während er in Typus I. und dem
noch zu besprechenden Typus IV. mehr attributiv angewandt
ist. Natürlich ist die Handlung selbst, in welcher sich Eros
befindet, eine wesentlich andere, wie auf dem Neapeler Relief,
aber doch durch fortlaufende Entwickelung, wie sie in der
angeführten Reihe der Reliefs und dem zuletzt erwähnten
Wandgemälde sich offenbart, aus dem Original abgeleitet
und von diesem abhängig. Eine Analogie zu der Gruppe
Helena Aphrodite, wie sie hier vorliegt, bietet ein anderes
Wandgemälde [99]).

---

hält, gegen Paris verwende." Bei dieser Erklärung ist der Umstand, dass Paris den Pfeil festhält und mit dem Zeigefinger auf
Helena deutet, ausser Acht gelassen. Wie sich aus der Armhaltung des Eros ergiebt, strebt er die festgehaltenen Waffen wieder
in seine Gewalt zu bringen, dass er dann von ihnen Gebrauch
machen wird, ist selbstverständlich und ebenso klar, dass Paris
Hindeutung auf Helena diese als gewünschtes Ziel für den Pfeil
bezeichnen soll. Auch auf dem vorigen Wandgemälde hatte Eros
den Pfeil gegen Helena gewendet, derselbe Grundgedanke findet
sich demnach in beiden Bildern. Bogen und Pfeil als Attribute des Eros sind ziemlich spät, dem älteren Eros eignet besonders die Lyra.

[99]) Neapel, Museo Nazionale 6746; Erotenverkäuferin. Hier
steht ein Mädchen hinter der sitzenden Freundin, lehnt sich auf

### Typus III.

Diejenigen Darstellungen, welche sich den bisher aufgestellten Typen nicht anschliessen, befolgen in ihrer Komposition zwei entgegengesetzte Richtungen; entweder sie werfen alle Nebenpersonen, wie Dienerinnen oder Gefährten des Paris ab, oder aber sie streben das Bild möglichst figurenreich zu machen, eine Eigentümlichkeit, welche dem reichen Stil der Vasenmalerei vielfach eigen ist. Beide Typen sind, wie sich aus einzelnen Motiven und Details ergiebt, in jüngerer Zeit entstanden als I. und II. Als Typus III. folgen hier zunächst diejenigen Bilder, welche Paris und Helena allein darstellen, aber doch eine Beeinflussung durch jüngere Darstellungen erkennen lassen. Man hätte diese Bilder an Typus I. und speciell an Nr. 2 anschliessen können, wäre aber dadurch gezwungen worden, Motive wie den aufgestützten Speer des Paris, ohne Zweifel im Typus des Reliefs zur Ausbildung gebracht, vorwegzunehmen und sich auf späteres zu berufen. Ausserdem passt das phrygische Kostüm des Paris durchaus nicht in Typus I., da dieser in den ältesten Darstellungen sicher nicht als Trojaner charakterisiert war. Typus III. zeigt demnach nur die beiden Hauptpersonen, Eros ist auf dem hierher gehörigen Vasenbilde auch vorhanden, dürfte überhaupt auf griechischen Bildern stets dargestellt gewesen sein. Paris trägt reiche phrygische Gewandung und führt mit schmeichelnder Beredsamkeit seine Sache. Hierher gehören zunächst ein

**Lucanisches Oxybaphon** [100].

Nr. 11. Helena auf einem Kasten [101], vor dem ein Schemel, nach links, Aermelchiton, Himation, daran Zickzack, um deren Schulter und blickt herab auf die Eroten, welche zum Kauf angeboten werden. Dasselbe Motiv auch auf Grabreliefs, so bei v. Sybel 186.

[100] Abgeb. b. Overbeck a. a. O. Taf. XII., 8, S. 265 f; Millingen, Peint. de Vases de div. coll. 42. Vgl. Boettiger, kleine Schriften, herausgegeben von Sillig II.; O. Jahn a. a. O. S. 182, Note; Stephani a. a. O. S. 120; F. C. 3182.

[101] Overbeck a. a. O. bezweifelt, dass hier ein Kasten dargestellt sei; ein Kleiderkasten als Sitz kommt übrigens öfter vor.

Hinterkopf, Rücken, Unterkörper, Binde im Haar, hält zwischen den Händen den auf ihrem Schoosse sitzenden Eros, Knabe, hochgeschlagene Flügel, der an ihren Busen fasst [102]). Vor ihr Paris, reiche Hosen und Aermel mit Zickzack, Chiton mit breitem Gürtel und Kreuzband, Chlamys, vorn geknöpft, den Rücken herab, phrygische Mütze mit Seitenklappen, Stiefel, rechter Arm hoch aufgestützt auf eine Lanze, die Linke redend erhoben. Paris redet zu der zuhörenden Helena, das Gewicht seiner Worte wird vergrössert durch Eros Hülfe, den Helena auf ihrem Schosse hegt und der ihrer Brust süsse Sehnsucht einflösst. Paris phrygische Tracht bleibt von jetzt ab immer in Uebung; während alle Typus II. folgenden Darstellungen, wenn sie auch aus römischer Zeit stammen, sich zur Charakterisierung des Paris mit der phrygischen Mütze begnügen, scheinen die jüngeren Vasenbilder in der detaillierten Wiedergabe der reichen asiatischen Tracht etwas zu suchen.

**Wandgemälde aus Stabiae** [103]).

Nr. 12. Helena auf Stuhl mit gedrehten Beinen und Schemel, nach rechts, Aermelchiton, von der rechten Schulter herabgeglitten, Mantel vom Hinterkopf über Rücken und Unterkörper, Schuhe, Haar hinten in einen Knoten gewunden, die Rechte liegt auf dem Stuhle, die Linke hält zierlich einen Zipfel des Mantels. Vor ihr Paris, Aermel, Hosen, Chiton mit Gürtel, Chlamys den Rücken herab, phrygische Mütze

---

Vgl. Gerh., Mysterienbilder 9. Él. céramogr. 1, 29 B; Monum. Ined. dell' Inst. IV. B.

[102]) Vgl. Vergil, Aen. I. 717.

[103]) Abgeb. bei Overbeck a. a. O. Taf. XII., 10; Pitt. d'Ercol. To. III. S. 35; Piroli, Ant. d'Hercul. To. II., Pl. 37; Jorio, Description de quelques peint. Pl. III.; Kaiser, Hercul. und Pomp. Th. II., Taf. 21; Mus. Borbonico To. IX. tav. 51; Ternite, Wandgem. Heft X. Taf. 31; Baumeister, Denkm. des klass. Altertums, S. 636. Vgl. Stephani a. a. O. S. 123, dessen Urteil „ohne jeden poetischen Reiz" ich übrigens durchaus nicht billigen kann. Helbig, Nr. 1288.

mit Klappen, an der linken Seite den Köcher, in der Linken den Bogen, die Rechte zur Begleitung der Rede sprechend vorgestreckt. Die Darstellung ist fast dieselbe wie auf dem vorigen Bilde, Paris Haltung ungefähr gleich, statt der Lanze hat er den Bogen erhalten. Etwas verändert ist Helena, die zu Boden blickt und verlegen in typischer Weise den Mantel ausbreitet. Am wichtigsten ist, dass Eros ganz fortgefallen; Kalkmann, Arch. Ztg. 41, S. 136. Note 105 sieht in dem Schwinden von Eros „den Einfluss italischen Geistes, der auch auf späten unteritalischen Vasenbildern und in der etruskischen Kunst den Liebesgott beseitigen half." Es ist jedenfalls richtig, dass die italische Kunst überhaupt mit Eros wenig anzufangen wusste, wenigstens mit jenem echt attischen Eros der guten Zeit, wie er z. B. auf dem Neapeler Relief noch vorhanden ist, hieraus erklären sich auch jene Umbildungen, wie sie in der Reihe der Reliefs auftreten. Uebrigens forderte manchmal auch die Dekorationsweise pompejanischer Gemälde eine Beschränkung der Darstellung auf wenige Personen [104].

## Amphora aus Apulien [105].

Nr. 13. Helena auf einem Felssitze, nach rechts, Chiton mit Halbärmeln, Himation um Unterkörper, die Rechte hält einen Fächer, die Linke öffnet einen ebenfalls auf dem Felssitze stehenden grossen Toilettenkasten, aus dem etwas Gewand hervorquillt. Vor ihr Paris, im rechten Arm die Lanze aufgestützt, die Linke in die Hüfte gestemmt, Körper en face, Gesicht nach links; phrygische Mütze mit Nackenschirm, gegürteter Chiton mit langen Aermeln, hohe Schnürstiefel. Ueber dem Toilettenkasten ein Ball, rechts neben diesem ein Koffer in Gestalt eines Tempels [106]. Hinter Paris eine

---

[104] Vgl. Helbig, Untersuchungen S. 233 ff.

[105] Abgeb. bei Dubois-Maisonneuve, Introd. à l'étude des vas., Pl. 80; Élite céramogr. To. II. Pl. 88 B, S. 289 ff.; vgl. Stephani a. a. O. S. 36.

[106] Ueber die Koffer dieser Form vgl. Stephani, C. r. pour 1860, S. 36; dass Koffer und Ball nebst Toilettenkasten Geschenke

roh ausgeführte, der dorischen ähnliche Säule. Die Zeichnung weist die Darstellung der späten unteritalischen Vasenmalerei zu und zu der Zeichnung passt die Vergröberung der Motive. Während in den beiden vorhergehenden Bildern trotz der Beschränkung auf wenige Personen durch Haltung und Geberdenspiel der Beteiligten die Liebesbeziehungen auf das feinste zum Ausdruck gebracht wurden, weiss der Vasenmaler sich hier keinen anderen Rath, als der Helena Fächer und Toilettenkasten in die Hand zu geben; auf diese Weise werden natürlich Helenas Beziehungen zu Paris verdunkelt, der seinerseits ebenfalls in ruhiger, von keiner Geberde unterbrochener Haltung beharrt. Die Leistungen der späten apulischen Vasenmalerei stellen sich hier in sehr ungünstigem Lichte dar, weiter unten werden wir noch einmal Gelegenheit haben, die schlechteste Wiedergabe eines Typus auf einer apulischen Vase zu finden.

## Typus IV.

wird vertreten durch eine Anzahl jüngerer Vasenbilder zum Teil reichen Stiles. Da in den meisten Bildern eine grössere Figurenmenge auftritt, so werden neue Personen erfordert, einerseits werden mehr Dienerinnen verwendet, andererseits aber treten neue Personen auf, welche in die Komposition nicht recht passen und anderen Kreisen entnommen sind, wie z. B. der Hermes dem Parisurteil. Der Grundgedanke der meisten Darstellungen, Paris Empfang bei der von ihren Dienerinnen umgebenen Fürstin Helena ist demjenigen des Typus I. verwandt, jedoch wird die Komposition durch die Menge neu eintretender Personen oft locker und zum Teil ganz unverständlich. Einige Darstellungen verfolgen das Motiv der Hochzeit des liebenden Paares und lehnen sich speciell an andere noch genauer zu nennende Vorbilder an, doch schien es wegen anderweitiger grosser

---

des Paris an Helena sind, glaube ich nicht, der Toilettenkasten hat anderen Ursprung, und Koffer nebst Ball sind ziemlich äusserliche Zuthaten zur Bezeichnung des Lokals.

Verwandtschaft mit den übrigen Bildern nicht gerathen, hier noch einen besonderen Typus aufzustellen. Paris selbst tritt natürlich in phrygischer Tracht auf, Helena ist von grösserem Luxus umgeben; zu Schmuckkästchen und Spiegel kommen Fächer, Sonnenschirme, Thymaterion. Auf mehreren Bildern treten die Dioskuren auf; an diese Bilder ist eine Reihe etruskischer Spiegel anzuschliessen, welche ebenfalls die Dioskuren mit Helena zusammen zeigen, meistens in derselben Stellung, wie auf den Vasenbildern, die allerdings dem Spiegelrund angepasst ist.

Zunächst folge hier die Besprechung einer

### Kalpis aus Tarquinii [107].

N. 14. Links auf Sessel mit geschweiften Beinen Helena, dor. Chiton, Mantel um Unterkörper, Frisur nach hinten spitz auslaufend, Binden ums Haar, Schuhe, Halsband, rechter Arm auf der Rücklehne des Stuhles, auf der etwas gehobenen Linken sitzt ein kleiner Vogel, etwa Taube. Vor ihr, nach rechts schreitend, Dienerin; dor. Chiton, Mantel um und über den Hinterkopf, Sandalen, Halsband, in den Händen ein geöffnetes Toilettenkästchen haltend. Etwas weiter nach rechts, der Helena gegenüber, Paris, phrygische Mütze, Chlamys vorn geknöpft und über den Rücken, Stiefel, rechter Fuss auf eine Erderhöhung gestellt, auf das Knie den linken Arm gelegt; die Linke hält ein Schwert, die Rechte einen Stab etwas nach vorn. Zwischen Paris und Helena am Boden ein bauchiges dreihenkliges Gefäss. Hinter Paris ein Jüngling mit Petasos, Chlamys vorn geknöpft, in der Rechten ein Kerykeion, in der Linken zwei sehr kurze Speere, Körper en face, Kopf nach links. Zwischen Paris und dem Jüngling ein Vogel mit langem Hals, ein Kranich oder ein Reiher. Unter dem Stuhl der Helena, unter den Füssen

---

[107] Abgeb. Arch. Ztg. 9, Taf. 36, S. 387 ff. (Gerh.); Overbeck, Taf. XIII. 1. S. 267. Vgl. Stephani, compte rendu 1861, S. 118. und ferner Gerh. a. a. O. S. 391, Note 11. gegenüber der Deutung Panofkas, Achill auf Leuke.

des Paris sind Steinchen angegeben, über den Personen ist ein Rebzweig mit Trauben aufgehängt, dadurch soll wohl die Scene als im Freien spielend bezeichnet werden, die beiden Vögel haben aphrodisische Bedeutung. In der zweiten männlichen mit dem Kerykeion ausgestatteten Figur zeigt sich schon ein Eindringen fremder Elemente in den ursprünglichen Typus. Dass hier Hermes und nicht ein Herold gemeint sei, wie Stephani a. a. O. meint, ergiebt sich aus Analogie anderer Paris und Helenabilder, auf denen es ebenfalls vorkommt [108]). Seine Speere sind allerdings merkwürdig, man ist versucht, hier eine Reminiscenz an den zweiten Jüngling der Berliner Schale anzunehmen, mit dem dieser Hermes überhaupt grosse Aehnlichkeit hat. Unzweifelhaft ist der Hermes im Allgemeinen, wo er auf unseren Bildern vorkommt, aus der Darstellung des Parisurteils herübergenommen, wie denn das Vasenbild in der Ἐφημερὶς 1862. tab. 14 sogar eine Vermischung und Verschmelzung beider Darstellungen aufweist. Der Haltung des Paris liegt das lysippische Motiv des Fussaufstützens zu Grunde [109]). Zeigt die besprochene Darstellung sowohl in der Komposition als auch in einzelnen Figuren noch Verwandtschaft mit Typus I., so giebt die folgende Darstellung um so charakteristischer den Typus des reichen Vasenbildes.

### Hydria aus Kertsch [110]).

Nr. 15. In der Mitte des Bildes Helena, halb rechts gewandt, auf grossem Lehnstuhl mit Schemel, Himation um

---

[108]) Vgl. Annali d. Inst. 1852, Tav. d'Agg. O. und Ἐφημερὶς ἀρχαιολογικὴ 1862, tab. 14.

[109]) Hermes von Lysipp, wie er die Sandale bindet. Vgl. hierzu Studniczka, Ath. M. S. 362 ff.; v. Sybel 6885; Fröhner, notice du Louvre S. 210, Nr. 183; Brunn, Glyptothek⁴ S. 201, Nr. 151; Michaelis, anc. marbl. S. 464, Nr. 85; Memorie dell' Instituto, vol. II. Taf. IV., 2. Vgl. K. Lange, Motiv des aufgestützten Fusses.

[110]) Abgeb. b Stephani a. a. O. Taf. V., Nr. 1, S. 124 ff.; ferner abgeb. Vorlegebl. Ser. C., Taf. I. 3.; vgl. Schlie, Troj. Sagenkreis S. 32.

Unterkörper, ausserdem Schleier vom Hinterkopfe den Rücken herab [111]), Stephane, Halskette, Armbänder, das Gesicht hingewandt zu dem links neben ihr stehenden Paris, dieser in reichster phrygischer Tracht, fein gegitterte Anaxyriden und Aermel, reich verzierter kurzer Chiton mit Gürtel, darüber ein grosser Mantel mit weiten Aermeln, umgeworfen, phrygische Mütze, hält in der Linken abwärts eine Streitaxt. Die Rechte streckt er im Gespräch nach Helena aus. Ueber beiden zwei Eroten, der über Paris blickt ruhig herab, der andere macht gegen Paris eine, wie es scheint, aufmunternde Geberde. Rechts neben Helena eine Dienerin, en face, dorischer an der rechten Seite offener Chiton, goldener Kopfschmuck, Halskette, Ohrgehänge und Armbänder, in der Linken weisser Fächer, die Rechte auf Helenas Schooss gestemmt, Blick dieser zugewandt. Hinter Paris eine zweite Dienerin, nach rechts, Aermelchiton, Himation, Halskette, Ohrringe; in der Linken hält sie eine Kanne ($\pi\rho\acute{o}\chi o\upsilon\varsigma$), in der Rechten eine Schale. Neben ihr ein Thymaterion. Rechts und links von diesen Dienerinnen, etwas höher im Bilde, zwei Jünglinge, der links befindliche, um den Oberarm Himation und zwischen den Beinen durch, mit dem linken Arm auf einen nicht erhaltenen Gegenstand aufgestützt, praxitelisches Motiv der Stellung, Blick zu den Liebenden herab. Der Jüngling rechts, rechter Fuss aufgestützt, linker Arm mit umgewickelter Chlamys auf dem Oberschenkel, Motiv von Lysipp, blickt ebenfalls auf Paris und Helena herab. Ganz oben im Bilde rechts und links je eine sitzende weibliche Gestalt, die links, Aermelchiton, Himation um Unterkörper, Halsband, blickt auf Helena. Ebenso die Figur rechts, Chiton, ganz in den Mantel gehüllt, Kinn in die Hand gestützt, Sandalen, Blick auf Helena, rote Figuren

---

[111]) Auf der Abbildung ist deutlich zu bemerken, dass das vom Hinterkopfe herabfallende Gewand an der Frisur durch verschiedene Nadeln befestigt ist, ich habe daher besser zu thun geglaubt, hier zwei Kleidungsstücke, Schleier und Himation anzunehmen.

auf schwarzem Grund, Fleischteile Helenas und der Eroten weiss, Schmucksachen, Geräte und Aehnliches vergoldet und in flachem Relief ausgeführt. Einzelne Stücke des Gefässes fehlen, auch dasjenige, welches das Gesicht des Jünglings links zum grössten Teile enthielt, die Beschädigungen sind jedoch ziemlich unwesentlich.

Die dargestellte Scene ist im Allgemeinen dieselbe wie auf den älteren Vasenbildern, Paris vor Helena; speciell einen Moment vor der Abreise des Liebespaares nach Troja mit Stephani a. a. O. zu erkennen, liegt keine Veranlassung vor. Die Gruppe Paris und Helena ist insofern verändert, als Helena von Paris halb abgewandt sitzt und ihm nur das Gesicht zukehrt, an Deutlichkeit und Bestimmtheit hat die Gruppe dadurch verloren. Für die Gruppierung der übrigen Personen, das gewahrt man sofort, ist in höchstem Masse das Princip der symmetrischen Anordnung in Anwendung gebracht worden, correspondierend sind einander gegenübergestellte stehende Dienerinnen, stehende Jünglinge, sitzende weibliche Figuren. Die stehenden weiblichen Figuren sind durch die Gegenstände, welche sie in den Händen halten, als Dienerinnen gekennzeichnet; in den Jünglingen wird man schon wegen der Darstellung und Anordnung einander gegenüber ein zusammengehöriges Paar erkennen müssen; die Dioskuren mit ihrer Schwester Helena vereint kommen gerade in dieser Stellung öfters auf etruskischen Spiegeln vor (einige Nachweise siehe unten S. 70), ob dieser Zusammenstellung specielle religiöse, oder mythologische Bezüge zu Grunde liegen, oder aber ob man berechtigt ist mit Stephani und Schlie a. a. O., wegen des Vorkommens der Dioskuren auf einem späten Vasenbilde, als Quelle für das Bild die Kyprien anzunehmen, will ich nicht entscheiden, auf jeden Fall sind hier die Dioskuren anzunehmen. Schwieriger wird die Erklärung bei den zwei weiblichen Figuren in den Ecken, und zeigt sich gerade hier das Unklare und Verworrene der ganzen Darstellung am deutlichsten. Stephani a. a. O. erklärt die stark verhüllte Figur für Aphrodite, ihr Gegenüber für Peitho; Schlie a. a. O. nach Brunn dagegen sieht in der verhüllten Aethra, in der anderen Sitzenden irgend eine andere Dienerin. Göttergestalten finden sich auf derartigen Vasenbildern bekanntlich zwar öfter in der oberen Figurenreihe, aber hier fehlt jede Charakterisierung der Sitzenden als Göttinnen, es sind sitzende Frauengestalten von sekundärer Bedeutung; der Versuch, für derartige Figuren aus den verschiedensten Schriftstellern Namen zu suchen, wie Schlie a. a. O. es thut, ist wohl ziemlich überflüssig, bezeichnet man sie allgemein als Dienerinnen, so kommt man der Absicht des Künstlers vielleicht am nächsten. Das Lob, welches Stephani a. a. O. diesem Vasenbilde spendet, indem er es in „jeder Hinsicht" über die anderen Darstellungen setzt und das Durchdachte der ganzen Komposition und die Sauberkeit der Zeichnung hervorhebt, wird man demnach doch wohl hauptsächlich auf die wirklich saubere Ausführung zu beschränken haben. Es folgt das Bild einer

### Amphora aus Kreta [112]).

Nr. 16. Helena, Sitz nicht angegeben, nach rechts, reichverzierter dorischer Chiton, breite Stephane im Haar, Armbänder, linke Hand zum Kinn erhoben, Blick etwas aufwärts gerichtet zu dem vor ihr stehenden Paris, Anaxyriden und Aermel mit Zickzack, reich verzierter Chiton mit Gürtel, Mantel den Rücken herab, reiche phrygische Mütze mit Seitenklappen; mit der Rechten stützt er zwei Speere auf, Linke in die Hüfte gestemmt, Blick auf Helena. Hinter Helena, etwas höher, Jüngling, en face, Chlamys den Rücken herab, in der erhobenen Rechten zwei kurze Speere, Linke in die Hüfte gestemmt, links angelehnt, praxitelisches Motiv, Blick auf Helena. Links von Paris, gleiche Kopfhöhe mit ihm, ein Erot, sitzend, die Hände gegen Paris ausge-

---

[112]) Abgeb. Ἐφ. ἀρχ. 1862, Taf. XIV., S. 53 ff. (Pervanoglu); vgl. O. Jahn, Arch. Ztg. 25, S. 84 f.; Jahn hat an dieser Stelle die Deutung auf Paris und Helena, die jedenfalls richtig ist, zuerst ausgesprochen.

streckt. Rechts von Paris ebenfalls ein Erot, die Hand zum Kinn erhoben, schwebend. Helena gegenüber, rechts von Paris, etwas niedriger, Hermes, Chlamys den Rücken herab, Petasos im Nacken, Rechte zum Kinn erhoben, die gesenkte Linke hält das Kerykeion. Weiter rechts eine weibliche Gestalt, nach links, dor. Chiton, reicher Kopfputz, Armband an dem in die Seite gestemmten linken Arm; die Rechte stützt ein oben mit einer Blume verziertes Scepter auf. Hinter ihr ein Jüngling, sitzend auf seiner Chlamys, nach rechts, im rechten Arm zwei Speere, Gesicht nach links, im Nacken, wie es scheint, Petasos. Ueber ihm wird sichtbar Oberkörper eines Jünglings nach links, rechtes Bein aufgestützt, Chlamys vom rechten Oberschenkel um Rücken, über die linke Hand geworfen, die Rechte stützt einen Stab auf, der Arm auf den Oberschenkel gestützt, Linke in die Seite gestemmt.

Pervanoglu a. a. O. hatte das Bild für ein Parisurteil erklärt, O. Jahn gab die richtige Deutung Paris und Helena unter Hinweisung darauf, dass die drei ausser Paris und Hermes anwesenden Jünglinge in ein Parisurteil durchaus nicht hineinpassen. Doch ist das Bild offenbar durch eine solche Darstellung beeinflusst, das beweist nicht nur die Anwesenheit von Hermes, sondern vornehmlich die hinter ihm stehende weibliche Gestalt mit dem Scepter, in dieser Stellung nämlich tritt Hera öfter im Parisurteil auf, ganz ebenso voll stolzer Majestät dastehend mit aufgestütztem Scepter[118].

Will man der Figur hier einen Namen beilegen, so wird man sie natürlich Aphrodite nennen müssen. In den übrigen Gestalten zeigt sich eine überraschende Uebereinstimmung mit dem vorher besprochenen Vasenbilde aus Kertsch; die Dienerinnen fehlen hier allerdings vollständig, ebenso wie beim Parisurteil, aber sehr ähnlich sind zunächst die beiden

---

[118] So, um nur ein Beispiel anzuführen, auf dem Vasenbilde Overbeck Taf. X. 1. Hier hält sie im linken Arm das Scepter und fasst mit der Rechten typisch den Zipfel des Mantels.

Eroten angebracht. Ferner ebenfalls links ein sich anlehnender Jüngling, rechts ein Jüngling mit aufgestütztem Fuss, Lanzen und Stab sind unwesentliche Zuthaten, man wird hier wieder die Dioskuren erkennen. Hinzugekommen ist der sitzende Jüngling mit den beiden Lanzen, wohl allgemein als Begleiter des Paris zu bezeichnen, wie auch Jahn a. a. O. thut. An eine bestimmte, in der Sage fixierte Person, wie Aeneas, hat der Vasenmaler, der hier zwei ganz verschiedene Bilder kaltblütig vermischt, kaum gedacht.

**Apulische Amphora** [114]).

Nr. 17. Helena auf grossem Lehnsessel, halblinks gewandt, dor. Chiton, Schleier vom Hinterkopfe herab, Halsband, Armband, die Rechte, grob verzeichnet, ausgestreckt gegen den vor ihr stehenden Paris. Dieser, Anaxyriden, Aermel, Chiton mit Gürtel, phrygische Mütze mit Nackenschirm, stützt mit der Linken zwei Speere auf und mit der Rechten einen Knotenstock unter seine rechte Achsel und blickt auf Helena. Hinter Helena, en face, Gesicht nach links, jugendl. weibl. Gestalt, Chiton vorn mit breiten Längsstreifen, kurzer Mantel um und über den linken Arm zurück, Halsband, Haar in einer breiten Binde, aus der hinten ein Schopf hervorragt, die Linke erhebt einen Fächer, die Linke sowie der rechte Arm verzeichnet. Ueber beiden Frauen schwebt ein Sonnenschirm. Ueber Paris sitzend ein zweiter Asiate, nach links, Kopf nach rechts [115]), als Sitz einige Steinchen, Hosen, Chiton mit langen Aermeln und Gürtel, phrygische Mütze mit Klappen, im rechten Arm zwei Speere, in der Linken ein Schwert

---

[114]) Abgeb. Annali Bd. 24, S. 321 ff. (T. Panofka) tav. d'Agg. O; Arch. Ztg. 11, S. 37 ff., Taf. 53. (G. Papasliotis); vgl. Stephani a. a. O. S. 119. Papasliotis hatte die Erklärung Pelops, Hippodameia, Sterope, Gefährte des Pelops, Hermes, Zeus gegeben, dieser falschen Deutung hat sich Heydemann, Katal. des Mus. Naz. 1982 angeschlossen; Roscher 1962.

[115]) Für die Kopfwendung des Trojaners in der oberen Reihe, überhaupt für diese Gruppe vgl. Bloch, die zuschauenden Götter in den rotfig. Vasengem. des mal. Stils. S. 10 und 27.

mit Scheide. Weiter rechts Hermes, sitzend nach links, hohe Schnürstiefel mit Flügeln, in der Rechten Kerykeion, die Linke, grob verzeichnet, hält einen runden Gegenstand, vielleicht eine Binde, Halsband, Petasos, Kopf nach rechts zu dem sitzenden Bärtigen. Dieser, en face, Himation um Unterkörper, in der Linken Scepter oben mit Vogel, streckt die Rechte gegen Hermes aus, Gesicht diesem zugewandt. Zwischen den drei letzten Figuren sechs durch Pünktchen gebildete Sterne. Fraglich in seiner Bedeutung ist der Bärtige; aus der Art, wie er die Hand gegen Hermes ausstreckt, lässt sich schliessen, dass er diesem einen Auftrag giebt, man würde ihn demnach, wie auch Panofka a. a. O. thut, Zeus nennen können, der dem Götterboten irgend einen Auftrag hinsichtlich des Liebespaares giebt, eine sichere Erklärung für die Obergruppe zu geben, dürfte kaum möglich sein, event. könnte man auch annehmen, der Bärtige sei Menelaos und er strecke abwehrend die Hand aus gegen Hermes, der ihm einen Auftrag hinsichtlich der Liebenden von Zeus gebracht habe, aber das ist nur leere Vermutung, ein Hintergrund in der Sage dürfte auch fehlen. Die Gruppe ist das Fremdartigste, welches überhaupt wohl in den Paris- und Helenadarstellungen vorkommt, woher sie kommt, dürfte schwer zu sagen sein. Das Bild könnte den Abschluss der seit den Reliefs sinkenden Entwicklung unserer Darstellungen bilden, hier ist aller Geist aus der alten Form verschwunden, damit stimmt überein die überaus fehlerhafte Zeichnung in Einzelheiten, die falsche und verständnislose Wiedergabe der ganzen Figur des Paris; das Motiv des aufgestützten Stabes ist gar nicht mehr verstanden, Paris setzt sein zu lang geratenes linkes Bein in einer ganz unmöglichen Weise hinter das rechte zurück.

Amphora aus Ruvo [116].

Nr. 18. Die Darstellung dieses Gefässes und eines anderen am selben Orte gefundenen [117]) behandelt einen anderen Moment aus dem Liebesleben von Paris und Helena, als die vorher besprochenen Vasenbilder, nämlich in thunlichster Bewahrung des Typus die Hochzeit des Paares und zwar in Anlehnung an verschiedene berühmte Vorbilder. Die wichtigste Aenderung ist, dass Helena auf der Kline sitzt, einmal allein, eine Analogie zu Aetions Rhoxane, auf dem anderen Bilde mit einer Frau neben sich und so verwandt einerseits mit der Gruppe Helena-Aphrodite der Reliefs, anderseits mit der Brautgruppe der aldobrandinischen Hochzeit und mit der Frauengruppe eines anderen Wandgemäldes [118]).

Helena, nur ein kleines Gewandstück über den Schooss geworfen, sonst nackt, Handgelenkringe, Halsband, reiche Frisur, Sandalen, sitzt auf einer reichen Kline, en face. Eine rechts stehende Dienerin, Chiton, Mantel um Unterkörper, Armbänder, Binden im Haar, Schuhe, setzt ihr einen Kranz auf. Eine andere Dienerin kniet zu Füssen der Helena [119],

---

[116]) Abgeb. bei Raoul-Rochette M. J. Pl. 49 A; Élite céramogr. To. IV. Pl. 72; Overbeck, Gallerie T. XII. 6; Baumeister, Denkm. des klass. Altert. S. 313, Fig. 328, vgl. Overbeck a. a. O. S. 266; Stephani C. r. 1861, S. 118; v. Sybel, Weltgesch. d. K. S. 283 f.

[117]) Heydemann a. a. O. 3242. Leider, wie es scheint, noch nicht publiciert. Die Darstellung ist sehr figurenreich. Helena, neben ihr eine Frau, auf Kline, über Helena Eros mit Kranz. Auf der anderen Seite der Kline Paris im Gespräch mit einer vor ihm auf dem Klappstuhl sitzenden Frau; man sieht, wie verworren die Komposition ist, eigentlich ist Helena zweimal vorhanden, ausserdem mehrere dienende Frauen und eine Trigononspielerin, auch auf der aldobrand. Hochzeit wird Musik gemacht.

[118]) Abgeb. Wiener Vorlegebl. Serie 8. Taf. IX. 3.

[119]) Hier ist das Motiv der knieenden oder kauernden Dienerin, welche der Herrin die Sandale anlegt, sehr deutlich wiedergegeben, obgleich der üppigen Phantasie des Künstlers vielleicht das Gegenteil, das Abziehen der Sandale vorschwebte, vgl. v. Sybel a. a. O.

dor. Chiton, Halsband, Armbänder, kurz aufgenommenes Haar, und ist beschäftigt, die Sandale des linken Fusses zu befestigen. Hinter der Kline eine dritte Dienerin, sitzend nach rechts, dor. Chiton, Mantel um Unterkörper, Sandalen, Armbänder, Halsband, Binden im Haar; sie hält auf der Linken einen geöffneten Toilettenkasten und in der gesenkten Rechten einen Spiegel. Rechts im Hintergrunde naht Paris, Mantel vom Rücken über beide Arme, phrygische Mütze, Stiefel, im linken Arm zwei Speere, die Rechte fasst einen Gewandzipfel. Ueber Helena, heranschwebend, Eros, Kranz im Haar, in den Händen eine lange Binde. Hinter der sitzenden Dienerin ein Ball, über Paris ein Stern, unter dem Bett ein kleiner Vogel mit erhobenen Flügeln, hinter der stehenden Dienerin ein brennender Kandelaber.

Mit dieser Darstellung möge die Reihe der Paris und Helenabilder beschlossen werden, einige weitere noch vorhandene Bilder waren mir leider nicht zugänglich, so
I. ein athenisches Vasenbild, erwähnt Bull. 1865, 34; bei Collignon nicht aufzufinden.
II. ein Vasenbild aus Ruvo, erwähnt bei Stephani a. a. O. S. 118 (Eremitage Nr. 310).
III. ein Wandgem., abgeb. b. Zahn, die schönsten Ornamente. Th. II., Taf. 31. Vgl. Stephani a. a. O. S. 123.

### Etruskische Spiegel.

Mit den Darstellungen der etruskischen Spiegel lässt sich im allgemeinen, abgesehen von den beiden, die ich Typus I. zugerechnet habe, wenig anfangen. Eine Reihe von Spiegeln, welche die Schmückung einer Frau, Malafisch, unter Beihülfe der Aphrodite, Turan, zeigen, konnte ich mich nicht entschliessen, speciell auf Helenas Schmückung zu beziehen [120]. Eine andere Reihe von Spiegeln zeigt

---

[120] So Gerh., Etr. Sp. 211, 12, 13, 14, 15, 16. Fortsetzung von Klügemann und Körte, 20. Einmal kommen, inschriftlich gesichert, Helena, Aphrodite, Paris vor. Gerh., Etr. Sp. 188. aber hier ist die Schmückung nicht vorhanden.

Helena mit den Dioskuren. Oft tritt auch Aphrodite hinzu [121]). Die Personen stehen alle, die Dioskuren zu beiden Seiten von Helena, mit aufgestütztem rechten und linken Bein, eine Stellung, welche an die letztgenannten Vasenbilder erinnert und die gleichzeitig durch das Spiegelrund geboten wird. Mit unserem Typus haben diese Bilder nichts zu thun; Helena und die Dioskuren wurden an einigen Orten zusammen als Gottheiten verehrt, auf einer solchen Vorstellung werden diese Spiegel wohl basieren [122]).

### Aetions Gemälde „Alexander und Rhoxane."

Aetion malte die Vermählung Alexanders des Grossen mit Rhoxane [123]). Aus der Beschreibung Lucians erkennt man, dass das Bild gewisse Beziehungen zu den Paris und Helenabildern aufweist, man wird deshalb zu sehen haben, ob solche Bezüge hinsichtlich specieller Bilder zu bemerken sind und ob eine Beeinflussung von der einen oder der anderen Seite anzunehmen ist. „In einem prächtigen Gemache sitzt die schöne Rhoxane mit den wundervoll schwellenden Lippen auf dem Rande des Brautbettes und schlägt die Augen nieder vor Alexander; lächelnde Eroten umgeben sie, einer entschleiert ihr Haupt und zeigt sie dem Bräutigam, ein anderer zieht ihr bereits geschäftig die Sandale vom Fuss und wieder einer zerrt den Alexander mit Gewalt am Mantel zu Rhoxane. Der König selbst reicht ihr einen Kranz, Hephästion als sein Brautführer trägt die Fackel, auf einen holden Knaben, den Hymenäos, gestützt. In dem weiten Raume treiben Eroten ihr Spiel mit den Waffen Alexanders, zwei schleppen die schwere Lanze, wie Lastträger einen Balken, zwei andere schleifen den Schild am

---

[121]) So Gerh., Etr. Sp. 201, 203—206. Aphrodite und Helena halten sich dann wohl umschlungen.

[122]) So z. B. in Sparta, vgl. Preller, griechische Mythologie³ II. S. 91 ff. 109, Note 3.

[123]) Ausführliche Beschreibung des Bildes bei Lucian. Herod. sive Aetion. 4.

Riemen daher, ein dritter sitzt als König darauf, der vierte ist in den Panzer gekrochen und lauert ihrem Zuge auf" [124]). Zunächst leuchtet sofort ein, dass sowohl die Situation, wie der Allgemeintypus den Paris und Helenabildern entspricht, Rhoxane sitzt und vor ihr steht der liebende Alexandros, allerdings hat Aetion trotzdem etwas ganz Originelles geschaffen, dies beweist sowohl die Gruppe Hephästion Hymenaeos [125]), als auch diejenigen der spielenden und bei Helena Toilettedienste verrichtenden Eroten. Trotzdem verrät sich auch noch in Einzelheiten die Zusammengehörigkeit mit jenen Bildern. An erster Stelle möchte ich auf den Eros aufmerksam machen, der den Paris am Mantel zu Helena hinzerrt auf dem engl. Relief (Nr. 8). Dasselbe Motiv findet sich auf Aetions Gemälde, und es entsteht die Frage, welche Darstellung dieses Motiv übernommen hat. Da das engl. Relief ganz sicher römischer Zeit entstammt, so entscheidet schon der Umstand, dass Aetion in der Zeit des Hellenismus lebte, zu seinen Gunsten [126]). Wie schon oben bemerkt wurde, ist dieser Eros eine natürliche Weiterbildung desjenigen vom Neapeler Relief (Nr. 5.). Der Eros der praxitelischen Zeit sieht dem Paris drängend ins Auge und zieht ihn so zu Helena, die jüngere Zeit drückt denselben Gedanken in ihrer stärkeren Weise aus, hier wendet Eros schon körperliche Gewalt an. Es ist demnach hier ein Einfluss des im Neapeler Relief überlieferten Typus auf das Gemälde Aetions anzunehmen. Eine direkte Beeinflussung seitens des Gemäldes möchte ich dagegen bei der Ruveser Amphora Nr. 18 erkennen. Zunächst ist die dargestellte Scene eine ganz

---

[124]) Nach v. Sybel, Weltgesch. d. K. S. 284.

[125]) Die Gruppe Alexandros und Eros des Neapeler Reliefs ist zwar ähnlich, aber ganz anders komponiert, auf Aetions Gemälde stützt sich Hephästion auf die Schulter des Knaben, auf dem Relief ist es umgekehrt.

[126]) Dass dieses Motiv in den Typus der Reliefs sehr spät eingedrungen ist, beweisen die übrigen Repliken.

ähnliche, die sinnliche Seite ist sogar noch stärker betont. Ferner findet sich eine merkwürdige Uebereinstimmung in Details, Helena sitzt auf der Kline und wird bekränzt, eine Dienerin zieht ihr die Sandale ab, neben der einen Dienerin findet sich ein brennender Kandelaber, alles entsprechend dem Gemälde Aetions. Der Erot, welcher Rhoxane die Sandale abzieht, war ganz sicher knieend dargestellt, eine Analogie findet er in dem knieenden Eros der Berliner Schale (Nr. 4).

Zum Schlusse spreche ich meinem hochverehrten Lehrer, Herrn Professor von Sybel, geziemenden Dank aus für jederzeit gewährte freundliche Unterstützung und fördernde Ratschläge bei Anfertigung dieser Arbeit.